习近平关于打赢脱贫攻坚战的重要论述

4月16日下午，习近平主持召开解决“两不愁三保障”突出问题座谈会并发表重要讲话。（新华社）

党的十八大以来，党中央把脱贫攻坚作为全面建成小康社会的底线任务和标志性指标，作出一系列重大部署。党的十九大后，党中央把打好精准脱贫攻坚战作为全面建成小康社会的三大攻坚战之一。这些年，脱贫攻坚力度之大、规模之广、影响之深前所未有，进展符合预期。

2015年11月，在中央召开的扶贫开发工作会议上，我们明确，到2020年，要“确保我国现行标准下农村贫困人口实现脱贫，贫困县全部摘帽，解决区域性整体贫困”。

我们在扶贫脱贫方面取得的成就和经验，为全球减贫事业贡献了中国智慧和中国方案，彰显了中国共产党领导和我国社会主义制度的政治优势，赢得了国际社会高度评价，很多国家和国际组织表示希望分享中国减贫经验。在发展中国家中，只有中国实现了快速发展和大规模减贫同步，贫困人口共享改革发展成果，这是一个了不起的人间奇迹。

打赢脱贫攻坚战是一项光荣而艰巨的历史任务，夺取全面胜利还要继续付出艰苦努力。我们要一鼓作气、越战越勇，为如期全面打赢脱贫攻坚战、如期全面建成小康社会作出新的更大贡献。

（习近平总书记4月16日在解决“两不愁三保障”突出问题座谈会上的讲话节选，《求是》杂志2019年第16期）

目　录

（封面摄影　杜杰　目录页图片摄影　孙振军　任江　叶国明）

三门峡市

三门峡市位于河南省西部、豫晋陕三省交界处，东连洛阳，南接南阳，西与陕西接壤，北隔黄河与山西相望。相传大禹治水，挥神斧将高山劈成“人门”“神门”“鬼门”三道峡谷，引黄河之水滔滔东去，三门峡由此得名。辖区地处秦岭余脉崤山山麓，千古雄关函谷关矗立境内。因古时崤山与函谷关并称“崤函”之塞，三门峡又称“崤函”。1957 年，国家在三门峡兴建万里黄河第一坝——三门峡大坝，同时成立三门峡市，一座新兴的城市崛起在黄河之滨，经过五十多年的建设，三门峡市以崭新的姿态矗立在豫西边陲，被誉为镶嵌在黄河岸边一颗璀璨的明珠。

三门峡市历史文化积淀深厚，是华夏文明发祥地之一。地处黄河流域中游、连接中原与西北，地理位置独特，使得华夏各种文化在这里交汇、融合、升华，孕育出具有鲜明地域特色的崤函文化。仰韶文化、黄帝文化、虢国文化、老子文化、达摩文化、砥柱文化、甘棠文化、根亲文化以及古代崤函交通文化、战争文化等诸多历史文化，给源远流长的崤函文化注入了丰富的内涵。

三门峡市处于秦岭山脉东延与伏牛山、熊耳山、崤山交汇地带，平均海拔高度在 300 米至 1500 米之间。地貌以山地、丘陵和黄土塬为主，地形多样，有“五山四陵一分川”之称。海拔 2413.8 米的小秦岭老鸦岔脑峰是河南省最高峰。三门峡市区座落在黄河南岸阶地上，三面临水，形似半岛，素有“四面环山

三面水”，气候宜人，四季分明。

三门峡市辖两市、两县、四区（包括高新技术开发区和城乡一体化示范区），80个乡镇街道办事处，1363个行政村，总人口230.8万人，常住人口227.29万人，城镇化率达到56.29%，比2017年提高1.57个百分点。三门峡2018年全市生产总值1528.12亿元，按可比价格计算，比2017年增长8.0%。其中：第一产业增加值119.09亿元，增长4.1%；第二产业增加值842.19亿元，增长8.5%；第三产业增加值566.84亿元，增长8.0%。全市人均生产总值为67294元，比2017年增长7.8%。

三门峡市坚持以习近平新时代中国特色社会主义思想为指引，深入贯彻落实中央和省委省政府、市委市政府各项决策部署，坚持稳中求进工作总基调，以提高经济发展质量和效益为中心，以推进供给侧结构性改革为主线，加快转型发展，聚力打造“五彩三门峡”，推进建设“三地五中心”，全市经济呈现稳中有进、稳中提质、稳中向好的运行态势，民生持续改善，各项社会事业取得显著进步。

近年来，三门峡市全市上下认真贯彻落实中央精神和省委要求，把脱贫攻坚作为重大政治任务和第一民生工程，务实创新、顽强拼搏，成绩显著。2016年度综合考评三门峡市脱贫攻坚全省第一，2017年度全省第二。金融扶贫“卢氏模式”“陕州经验”、易地搬迁做法在全省全国推广，取得了有目共睹的成绩。（钟河　文　胡文举　图）

攻城拔寨真抓实干 打赢脱贫攻坚战

三门峡市委书记　刘南昌

近年来，三门峡市全市上下认真贯彻落实中央精神和省委要求，把脱贫攻坚作为重大政治任务和第一民生工程，务实创新、顽强拼搏，取得了有目共睹的成绩。

攻城拔寨，坚决打赢脱贫攻坚战，我们总的要求是：坚持政治导向、问题导向、效果导向，以提高群众满意度为目的，以强化基层基础为着力点，以加强统筹协调为牵引，以转变作风为保障，以奖罚分明为手段，痛下决心、雷厉风行，精准施策、务实拼搏，全力以赴，全面高质量完成脱贫攻坚任务。

聚焦"一达标两不愁三保障"和"一低五有六通"，拉网排查整治"硬指标"。要围绕如期打赢脱贫攻坚战，结合23项具体考核指标，深化"查漏洞、补短板、提质量"工作。

要突出抓实"一达标两不愁三保障"。"一达标"方面，就是要确保贫困户有相对稳定可靠的增收渠道和收入来源，年人均收入达到或超过国家标准。要紧紧围绕上级确定的年度收入标准，细细地查查每一个贫困群众的状况，好好地算算他的收入有哪些，不加水分也不能漏项，通过强化产业扶贫、组织务工、提供公益岗等途径，确保实实在在做到位。"两不愁"方面，我们不仅要关心贫困群众吃不愁、穿不愁，还要关心质量如何，想方设法帮助他们过得更好一些，提高幸福指数和满足感，尤其要高度关注饮水安全问题，在水源、水质、特别是日常管理维护等方面尽百分之百努力，确保安全。"三保障"方面，围绕义务教育保障，我们要在做好控学防辍工作的同时，更多地统筹解决好偏远教学点等问题，确保上学质量；围绕基本医疗保障，我们要进一步扩大城乡居民医疗基本保险覆盖范围，深入落实重症慢性病鉴定、残疾人鉴定、签约医生、送医送药上门、医疗费报销等规定，不人为提高标准、拉高预期，也不降低现行政策标准；围绕住房安全保障，突出抓好易地搬迁点房屋质量、危房鉴定及改造、旧房拆除、农时回村务农保障房等工作。

要全力抓好“一低五有六通”。“一低”，就是贫困村贫困发生率（未脱贫人口占全村农业人口比率）要降至2%以下；“五有”，就是要有综合性文化服务中心、有标准化卫生室、有合格乡村医生或职业（助理）医师、有主导产业、有集体经济收入；“六通”，就是要通路、通水、通电、通班车、通电视、通宽带。对于这些要素指标，我们既要逐村排查有没有、好不好、作用发挥充分不充分，也要及时对标上级部门关于“班车通到自然村”等最新工作要求，动态调整、及时更新，全力做实、决不缩水，确保各项工作经得起历史和群众检验，以实打实的成效取信于民、赢得群众信任。

要创新实施清单式服务。建立政策清单，让贫困群众对该享受的政策明明白白，既不“缺斤少两”打折扣，也不人为提高标准“吊胃口”，防止将来无法落实引发群众不满。建立任务清单，对未完成的任务，细化工作要素和工作要求，由市脱贫攻坚领导小组办公室协调各行业扶贫部门，对单交账、责任到人。建立计划清单，对存

在的深层次矛盾，要深入研究分析，借鉴先进经验，逐一拿出化解措施，科学制定工作计划。比如，对外出务工隐性收入问题，可以通过走访、进行务工地工资水平分析等方式解决；对危房改造问题，可以提供改造标准，通过集中采购、以奖代补等方式，发动群众自己去做，提高效率效益。建立整改台账，对排查出的问题，明确时限、明确标准、责任到人、对账销号。当前，要突出抓好省考核中暴露出的问题、易地搬迁安置点质量、危房鉴定及拆旧、重症慢性病鉴定等突出问题的整改，确保全部整改到位。

突出项目载体和难点热点，集中力量啃下脱贫攻坚“硬茬子”。打硬仗既要有敢打敢拼的闯劲，也离不开客观清醒的判断和科学精准的措施。在脱贫攻坚战的“硬骨头”面前，要精心处理好“三大关系”，即目标与过程的关系，目标是方向，过程是路径，我们既要坚持目标导向，有的放矢，更要把功夫下在平时，一步一个脚印，以过程扎实确保成绩坚实。做亮点与抓基础的关系，亮点是“果实”，基础是“树根”。考核评价主要采取抽样法，只有把功夫下在基层、下在基础，做实到每一人、每一户、每一个领域，才能真正做到“枝繁叶茂”“硕果累累”，才能真正防止“根系枯萎”带来的“大树倾倒”“一失万无”。上级统筹指导与发挥基层作用的关系，俗话说“杀

猪杀尾巴，各有各的法”，要充分尊重一线指挥员的作用、充分发挥基层的主观能动性，给他们更多空间履行好主体主干职责。上级主要是交任务、出政策、抓督导，要做到总揽而不包办、统筹而不代替，切实解决好越位、缺位问题。

要强化产业和项目带动。没有产品和项目支撑，脱贫攻坚就不可能做实做好、做长效。我们各级各有关部门都要强化项目意识，大小项目一起谋划、短平快项目快上、农林水和基建产业等项目毫不犹豫上，每个村都要有产业扶贫项目。市脱贫攻坚领导小组要全力抓好各类项目的统筹谋划，确保我们在建的项目抓紧开工、抓紧建成、抓紧投产。特别是在财政资金拨付上，对市本级1个亿的配套资金，可以探索实施“市级统筹、县级投资平台监督落实”等基金化运作方式，也可以采用通过财政系统直接拨付等方式，切实解决产业奖补资金拨付滞后的问题。

要统筹推进贫困县与非贫困县、贫困村与非贫困村的脱

贫。认真落实“三个新增”要求，新增脱贫攻坚资金、新增脱贫攻坚项目、新增脱贫攻坚举措，要向脱贫任务重的县（区）和208个未脱贫村倾斜，精准施策啃下“硬骨头”。加大市本级政策、资金、帮扶力量的统筹和倾斜力度，统筹协调义马、开发区以及64个行业部门，在项目、产业、资金、人力等方面，加大对渑池县、陕州区以及非贫困村的帮扶力度，特别是市里要继续集中力量强化对陕州区的帮扶，确保今年实现重大突破。同时，要严格执行退出程序，认真落实已脱贫户“摘帽不摘责任、摘帽不摘政策、摘帽不摘帮扶、摘帽不摘监管”要求，探索建立稳定脱贫长效机制，进一步巩固脱贫成效，切实防止返贫。

要强化“智志”双扶。帮扶只是“外因”，能不能脱贫从根本上看还是贫困户的致富能力、致富意愿等“内因”。要把对贫困群众的“智志”双扶放在更加突出的位置，强化培训统筹，由市脱贫攻坚领导小组办公室牵头，尽快拿出基层干部、致富带头人、贫困群众三类教育培训整合方案，集中资源、统筹开展培训，切实提高贫困群众的致富能力。提高“扶志”实效，全面开展“感党恩、听党话、跟党走”活动，把党对贫困群众的关心、党的扶贫政策讲到群众的心坎上，烙印在群众心

田里。深入分析贫困群众心理，探索建立脱贫户“现身说法”、贫困家庭“晒收入”等机制，深化推广卢氏星级评定做法，让脱贫户既得“面子”、又有“里子”，营造劳动光荣、脱贫光荣的氛围。推广灵宝评选“十大孝子”“十大贤媳”等好做法，创新弘扬敬老孝亲传统美德。

要集中开展信访攻坚。总的目标是：全市扶贫领域信访总量大幅度下降，国务院扶贫办、省扶贫办和有关行业管理部门转办案件数量大幅度下降，不发生因扶贫领域信访问题引发重大负面舆情和问题事件。具体来讲，就是要密切群众感情，走好群众路线，用好群众方法，做好群众工作，注意情理法相统一、相协调，确保信访形势根本好转。要做实群众工作，结合即将开展的“不忘初心、牢记使命”主题教育活动，进一步加强对广大党员干部特别是脱贫攻坚一线干部的宗旨意识教育，引导他们充分肯定人民群众对美好生活向往的合理性，多开展心贴心的走访活动，多做换位思考，帮助群众解决具体困难。同时，探索建立让思想觉悟高、表达能力强的群众和乡贤能人去做乡里乡亲思想工作的实践途径，进一步增强群众工作的实效性。

要狠抓问题整改和方法优化。要学习推广卢氏县排查方法，对人、对户、对村、对政策、对项目、对干部等一一过筛子，坚持“疑似从有”，最大范围、最大程度发现问题。在此基础上，各乡、各村都要一项政策一项政策地核，一个项目一个项目地过，一笔资金一笔资金地审，一个干部一个干部地考虑，全面透视和体检，根除病灶、病根，下足绣花功夫，做到尽锐出战，全神贯注地投入整改。

坚持改革创新，切实打好脱贫攻坚“组合拳”。突出抓好三个方面，即深化金融扶贫。持续推广深化金融扶贫“卢氏模式”和“陕州经验”，进一步探索农村金融供给侧结构性改革路径，畅通完善金融助力脱贫攻坚的渠道和途径，切实解决好户贷率低的问题。坚持政策供给和风险防控两手抓，强化工作统筹、工作创新，及时妥善解决保险机构对脱贫攻坚领域担保意愿不强等突出问题。

深化“三变”机制。用好用活“输血变造血、死钱变活钱、兜底变保富”这一法宝，下大力气解决深度贫困地区贫困人口脱贫问题。去年在全市探索实施的五类人群分类脱贫问题，要进一步积累经验，加力推广实施。尤其是对贫困兜底人群分类分地、精准供养工作，市、县、乡、村要齐心协力推进，大胆创新、做实成效。

强化基层基础。做强基层、

做实基础，推动人财物往基层走、力量往基层下沉。突出抓好“三年强基工程”的深化，加强基层党组织建设，进一步摸清软弱涣散村党组织的底数，应纳尽纳、应改尽改，全部排查、整改到位。加强驻村队伍建设，对第一书记、驻村队员、村“两委”干部，要有针对性地加强培训和管理，确保能按照新要求做到政策水平、工作水平有一个大的提高。坚持尽锐出战，各帮扶单位要选派精干力量开展驻村帮扶，对作风不实、不胜任工作、不服从驻在地乡镇指挥的，要坚决召回重派。持续加大向基层倾斜力度，各级各有关部门要将人力、财力、物力优先投入到脱贫攻坚主战场上，各帮扶单位要当好驻村队员的后盾，确保攻坚战“后勤”保障充分有效。

总之，要通过全方位的扎实工作，确保我市脱贫攻坚成绩进入全省第一方阵。需要指出的是，取得好的考核成绩不是主要目的，更不能以迎考心态开展工作，关键是要通过狠抓基层基础，下足绣花功夫，以工作的全面过硬确保如期打赢脱贫攻坚战。

发扬斗争精神，坚决做强做细脱贫攻坚工作保障。5 月 15 日，河南日报刊发了王国生书记《持续深入学习弘扬焦裕禄精神、凝聚争先进位谋出彩的强大正能量》的文章，这既是为即将开展的“不忘初心、牢记使命”主题教育活动做动员准备，也是我们夯责任、转作风、深化脱贫攻坚工作的思想武器。全市各级各部门要认真学习领会其精神实质，进一步扛起打赢打好脱贫攻坚战的责任担当，坚决加强组织保障。

一要压实攻坚责任。根据中央《关于打赢脱贫攻坚战的决定》，我们层层签订了责任书、军令状，形成了上下贯通、到底到边的责任体系。根据新形势，这里再明确实化一下，总的要求是县级对市级负责，乡村对县级负责，一级管一级，一级对一级负责。具体是市级要担负起领导指导引导督导协调责任，在组织领导、政策指导、规划引导、奖惩督导、服务协调等方面履行责任；市脱贫攻坚领导小组及其办公室要对照职责充分发挥牵头抓总作用，该统筹的要统筹到位，该协调的要协调到家；联系县乡的市领导要带头担责担险担难，绝不当甩手掌柜；各行业部门要吃透政策，完善政策清单和服务清单，提供可供选择的解决方案，承担好行业政策指导和监督的职责；各帮扶单位要按照属地管理原则，自觉接受县级党委、政府

管理，当好行业扶贫和驻村队员的坚强后盾。县级要扛牢扛好主体责任，县级党委、政府是主体责任，县委书记、县长是第一责任人，要切实抓好目标任务完成、脱贫攻坚队伍建设、项目落地和资金管理、脱贫攻坚问题整改、脱贫攻坚大局稳定等工作，切实对区域内脱贫攻坚工作负总责，对中央和省脱贫攻坚的考评结果负总责。乡村两级工作如何，县级承担主体责任。各级第一书记、驻村队员履职评价等工作，县级要敢管会管。乡村两级要履行好主干责任，要抓好各项具体工作、具体政策的落实，确保党的各项扶贫政策、上级党委政府的工作要求在本地本部门落地生根、开花结果。村两委班子和党员要扛起主干责任，第一书记、帮扶工作队要更好地发挥帮助、支持作用，工作中村两委班子不能退到第一书记身后看热闹，要主动团结带领群众齐心协力脱贫奔小康。村里的一切扶贫力量，要听从所在乡镇指挥。

二要整治干部作风。坚持"业务之中有政治、实干当中显党性"，大力弘扬焦裕禄同志的"三股劲"，坚决扭转扶贫干部思想滑坡、厌战畏难情绪，用实干的作风把脱贫攻坚工作干实，用干部的"脱皮"换取群众的"脱贫"，用干部的"辛苦指数"换取群众的"幸福指数"。要坚决整治形式主义、官僚主义，从我做起，从市级领导做起，带头"进千村、入万户、吃百家饭"，心贴心地与贫困群众沟通交流，共话发展之道、共谋脱贫之策、共商解难之法，严肃查处作风生硬、态度粗暴、爱答不理、"捂盖子"等作风问题。要雷厉风行集中克难，坚持市级领导带头，各级各有关部门领导干部特别是"一把手"要深入联系点、帮扶村，对照年度考核中的落后指标，梳理问题、找准根源，制定清单、限期整改，坚决避免"只出题目不给解决方案""只说不行不说怎么才行"的官僚主义作风，以"火线攻坚"的紧迫感，全力解决突出问题。要严惩"微腐败"，将群众眼中不公平、不公开问题的排查摸底作为这次大排查的重要内容，迅速摸清情况。程序有瑕疵的，按照"四议两公开"等要求及时公开公布；具体到人和事的，及时查明真相，依纪依规处置到位，并在一定范围内公开曝光，形成有力震慑。

三要完善制度机制。深入总结推广本地成功经验，学习借鉴外地先进做法，完善工作机制、优化工作流程。着重完善统筹协调机制。坚持总体协调与务实重干相结合，强化市级层面统筹，突出统筹好人财物和政策资源，统筹好牵头协调部门和行业扶贫部门，统筹好贫困县与非贫困县、贫困村与非贫困村、贫困户与非贫困户，统筹好上下联络、信息沟通;市脱贫攻坚领导小组及其办公室要健全周收集、月会商、月通报等制度，为基层提供政策支持和基础问题解决方案，涉易地搬迁有关部门要尽快拿出标准，促进扶贫安置点等项目尽快验收；市直行业部门要加强与上级扶贫主管部门的沟通衔接，加强业务联系、了解政策动态、做好工作调整；各有关部门要牢固树立“一盘棋”思想，及时沟通对接工作信息，确保不贻误工作。完善服务群众机制。探索建立“服务菜单”“标准清单”，将各项扶贫政策、工作流程清单式列出，供群众“点菜”，并结合实际适时调整，切实提高惠民服务的精准度和科学性。优化督导检查机制。要爱惜民力、汇聚民智，切实为基层减负，坚决避免“未到地头干活就累倒在路上”的情况发生。市本级各脱贫攻坚督导组由市脱贫攻坚领导小组直接领导，督导检查活动由领导小组批准后统一实施，进一步增强督导的权威性、全面性、科学性；坚持“督”与“导”并重，有问必答，对基层提出的问题，限时解决，决不能“羞羞答答”“留中不发”。健全容错纠错机制，按照“三个区分开来”的要求，结合工作实践，尽快研究制定脱贫攻坚领域务实管用易操作的容错纠错办法，保护基层干部干事创业的积极性、主动性和创造性，让他们在脱贫一线有动力、有心劲、有奔头。上下同心者兴，左右同欲者胜。让我们共同努力，众志成城，真抓实干，以扎实的过程管控确保到2020年如期高质量完成脱贫任务，向党中央、国务院和省委、省政府，向全市人民交上一份满意的答卷。

（图片由三门峡市委宣传部提供）

春到崤函（梅淑娥　摄）

苦干实干书写历史 决战决胜脱贫攻坚

三门峡市人民政府市长 安伟

当前脱贫攻坚已经处于一个非常关键的阶段，唯有统一思想，正视问题，坚定信心，奋力冲刺，才能夺取脱贫攻坚最后的胜利。2019年，我们要完成2.5万贫困人口稳定脱贫、181个贫困村退出和卢氏县脱贫摘帽任务。

围绕目标任务，我们要重点抓好以下几个方面的工作：

聚焦突出问题，争分夺秒抓好整改落实。主要包括两个方面的突出问题。一是全省2018年度脱贫攻坚成效考核反馈的问题。二是全市举一反三，围绕易地搬迁、政策落实等开展大排查行动中发现的问题。当务之急是要以百米冲刺的劲头，从严从实从快全面整改、落实到位。

紧盯关键战场，全力支持卢氏县脱贫摘帽。今年是卢氏脱贫摘帽的决胜之年，越是胜利在望大家越不能把任务看轻，越应该更加努力，越应该扎扎实实、一丝不苟，思想上一定要端端正正，以更严格的标准和要求、超常规的力度和举措，扎扎实实做好各项工作，确保高质量脱贫摘帽，确保退得出、过得硬、经得起各方检验。一要把好“三道关”。卢氏县作为国家级贫困县，要想顺利摘帽，除了要通过省级考核和第三方实地评估检查外，还要通过国家抽查，这里面任何一关过不去，我们都很难在最终考核中获得好名次。特别是国家的抽查，虽然只有20%的几率，但我们千万不能心存侥幸，一定要以迎接国检的标准，高质量高标准聚焦各项准备工作，确保万无一失。二要坚持高标准。要按照“一切服务摘帽，一切服从摘帽”的原则，严格对照国家规定的贫困户脱贫、

贫困村退出标准，把工作重心下沉到村、下沉到户，精准施策、精准发力，做到所有贫困户有相对稳定可靠的增收渠道和收入来源，稳定达到“一达标”“两不愁、三保障”；所有贫困村全部达到“一低五有六通”标准，特别是2018年以前退出的贫困村，要按照最新标准进行完善提升，确保全面达标。三要全力做好支持。卢氏摘帽事关全市脱贫工作大局，全市上下要一如既往地加大对卢氏县的支持和帮助力度，确保所有扶持政策精准落实到位。特别是各职能部门要做好指导和帮扶工作，行业部门要加强对卢氏县的具体支持，尤其是在项目建设、资金使用、基础管理方面，市、县要加强沟通，确保发出一个声音，形成工作合力，彻底解决“两本账”“两张皮”的问题，助推卢氏县顺利脱贫和长远发展。

站位脱贫全局，全方位抓好统筹推进。主要是三个方面：一要抓好贫困县和非贫困县的统筹。就是卢氏县和陕州区、渑池县等非贫困县的统筹。截至2018年底，陕州区和渑池县的贫困发生率分别为3.36%和3.39%，只是略低于卢氏县，这个比重在全省都是比较高的。我们要在抓好重点的同时，做好统筹，一体推进陕州、渑池、灵宝这些非贫困县的脱贫攻坚工作。现在的考核是把贫困县和非贫困县作为一个整体考核的，并不是说卢氏的工作做好了，其他的都不重要了，二者相辅相成。全市上下要下好一盘棋，齐心协力，协同作战，每个地方都要尽职尽责抓好工作，都要交出一份优异的成绩单。二要抓好贫困村和非贫困村的统筹。截至2018年底，我们市里共有未脱贫建档立卡的贫困人口15703户、36099人。其中非贫困村贫困人口9767户22101人，占到整个贫困人口的61.2%，已经超过了贫困村。在全市尚未退出的171个贫困发生率大于20%的深度贫困村中，非贫困村又达到了78个，占到45.61%，这个比例还是很大的。另外，从考核的角度来讲，考核也是按照1:1的比例抽查贫困村和非贫困村的，所以我们一定要统筹好贫困村和非贫困村。从今年开始，在注重做好贫困村工作的同时，也要加大对非贫困村的扶持力度，逐步改善基础设施和基本公共服务，解决好非贫困村和贫困村因为帮扶政策造成的发展不均衡问题，防止出现新的人为分化。三是抓好贫困户和非贫困户的统筹。在第三方评估中发现一个现象，由于我们的工作做得比较扎实，贫困户的满意度往往比较高，相反非贫困户特别是贫困“边缘户”的满意度不太高，这其实

是政策差异带来的“悬崖效应”。总体来说，这两年贫困户的政策收益比较多，与非贫困户形成了较大反差，从而引发了许多新问题。陈省长来我市调研时，也指出这个问题是全省的共性问题，对信阳、南阳、商丘、驻马店等连片贫困县来说，基本上是整体受益，彼此差距不大，情况相对稳定，但对我们这样的贫困深山区来说，贫困户点状分布的情况比较普遍，很多政策都是点对点落实，贫与非贫之间泾渭分明，差异明显。当初认定贫困户时，可能只有一二百元甚至几十元的差距，随着扶持政策的深入实施，二者的受益、反差变得越来越大，逐渐形成了“政策悬崖”，非贫困户感觉被边缘化、不公平，利益诉求得不到满足，从而引发了比较严重上访问题。同时，从县级层面来说，陕州、渑池、灵宝等的收益也相对较小，多少也会有一些不平衡。陈省长专门提醒我们要高度重视这个问题，在加大对贫困人口支持力度的同时，统筹做好非贫困户特别是“边缘户”的帮扶工作，深入开展调研走访，掌握群众思想动态，宣传好政策和先进典型，解决实际问题，防止出现“悬崖效应”，切实提高群众满意度。

围绕提高质量，确保脱贫硬指标全面达标。按照国家脱贫标准，必须达到“一达标，两不愁，三保障”。“一达标”就是收入要达标。需要提醒的是，我省最初定的贫困线标准是根据全省情况统一定的，要求每年增加6%，比全国的标准要低。今年全国的标准大概是3700元/人，明年要达到4000元左右，省里已经把贫困线标准与国家统一了，也是3700元，按照这个去核算，我们今年要增加8.8%，增收的任务比较重，产业扶贫、就业扶贫等各项措施需要进一步加强，才能完成这一目标。“两不愁、三保障”，就是吃穿不愁，住房、教育、医疗有保障。就现在掌握的情况来看，“两不愁”问题不大，但在义务教育、医疗卫生、住房保障等方面还有一些新要求。对此要心中有数，不能仅仅盯住及格线，一定要把工作做深做实做圆满，不能在这些硬指标上出现纰漏。一要确保住房安全有保障。一方面，要加强对全市194个易地扶贫搬迁安置点住房质量的全面检查，及时修补建设瑕疵、工程隐患，确保质量安全，进一步完善配套设施；另一方面，坚持农村危房改造标准，第一时间鉴定、改造农村C、D级危房，及时落实各级财政补助资金，确保完成2519户的危房改造任务，实现4类重点对象危房清零。二要确保基本医疗有保障。全力推进健康扶贫，开展集中救治一批、慢病签约一批、重病兜底保障一批“三个一批”行动，确保建档立卡贫困患者21种大病专项救治率、建档立卡贫困慢病患者签约服务率达到100%，脱贫村标准化卫生室和合格乡村医生全覆盖，贫困人口县域内就诊率提高到90%左右，贫困人口医疗费用报销

比例稳定在90%以上。特别是要高度重视慢性病鉴定工作，加大政策宣传力度，让老百姓清楚了解慢性病的申请、鉴定、报销等程序要求及标准认定，切实保障群众的知情权和保障权。三要确保义务教育有保障。对照新的控辍保学要求，对所有建档立卡贫困学生进行全面排查，应该接受义务教育的必须接受义务教育，辍学的要想办法做思想工作让其重返校园，确保义务教育阶段就学率达到100%。全面落实贫困学生资助政策，确保从学前教育到高等教育，所有符合政策条件的贫困学生都能享受助学扶持，资助政策落实率达到100%。

大抓基层基础，坚决补齐工作短板。做好脱贫攻坚工作，关键是抓好基层基础。基层就是基层组织建设，基础就是基础工作。一方面，要加强基层组织建设。我们的脱贫攻坚主要靠基层来干，一定要高度重视基层、重视基层干部。省委刚刚印发了《关于领导干部带头解决形式主义突出问题为基层减负的五条措施》，要求大抓基层，把精力用到基层，把资源沉到基层，把政策送进基层。特别是乡村是最基层的单位，承担着政策承接、组织实施、分类推进等各项具体工作，责任最大、任务最重，要关心基层干部，突出配强村党支部书记、驻村工作队、第一书记等脱贫攻坚“领路人”，持续探索激发农村干部战斗力的有效机制，提升他们的荣誉感，营造争先创优、你争我赶的工作氛围，把基层党组织建设成为带领群众脱贫致富的坚强战斗堡垒。另一方面，要加强基础建设。主要是抓好两方面工作：一是夯实项目库。脱贫攻坚根本在产业，关键在项目，必须有一个高质量的项目库做支撑。去年我市扶贫资金绩效评价之所以扣分较多，项目库建设滞后是一个很重要的原因。各地很多项目没有充分论证就仓促上马，造成资金拨不出去、资金滞压，拨付进度不符合要求，这是全市普遍存在的一个突出问题。各县（市、区）、各部门要坚持上下结合，加强扶贫项目谋划、论证和储备，县、乡发挥好主体作用，

市里要搞好指导，确保使我们的项目库建设能够扎实、有效，切实可行。今年再不能出现因项目工作不扎实不到位导致资金拨不出、拨不下，或者沉淀到账上的现象，哪个地方“旧病复发”，就要严格落实责任追究。二是建立智慧扶贫平台。要结合智慧城市建设，抓紧建立完善智慧扶贫APP平台，将全市各县（市、区）贫困村、贫困户的基础数据和政策清单录入数据库，做到贫困人口清、工作过程清、政策落实清，任何一个扶贫数字都能在这里得到显示和留痕，确保各方面、全过程明明白白。要发挥好扶贫办统领统率作用，坚决防止数据打架、项目棚架，提高脱贫攻坚的科学决策和信息化管理水平。

改进作风，决战决胜，以实干实绩交出历史答卷。

脱贫攻坚工作，我们要敢于担当、真抓实干，集中一切力量，不惜一切代价，下足绣花功夫抓好工作落实，不获全胜决不收兵。

一要明确责任抓落实。省委王国生书记提到了要树立看齐意识，从向总书记看齐找自觉。脱贫攻坚是一项全党工程，人人都是参与者，没有旁观者，更是“一把手”工程，主要领导要扛牢第一责任人责任，既要当好“指挥员”，又要当好“战斗员”，拿出足够精力，对脱贫工作亲自研究、亲自部署，亲自推动、亲自督促，统筹抓好脱贫攻坚工作。要严格落实“四级责任”体系，充分发挥市级引导指导督导责任，县乡主干责任、扶贫办综合协调责任，驻村帮扶责任，构建干群一体、合力攻坚的决战局面，确保各项工作落实到位。

二要转变作风抓落实。干部作风，关乎脱贫攻坚成败。我们只有真正扭转作风，所有的问题才能从根本上得到解决。市、县两级要严格按照省委文件要求，切实为基层减负，多给他们留时间、留精力去做工作，少开会、少报文件，多抓落实。上级部门要多给基层指点、指导和帮助，帮助他们切实解决实际困难。基层干部要注意克服急躁症、浮漂症、懒惰症、扯皮症，坚决纠正“只求过得去、不求过得硬”的错误思想，以钉钉子的精神抓好落实。要切实改进工作方法，多站在群众的角度去想、去干，用群众的思维、群众的感受来安排和部署工作，确保老百姓的满意度不断增强。

三要激活主体抓落实。群众是脱贫攻坚的主体，也是决定脱贫攻坚成败的决定性力量，我们要充分发挥群众主体的积极性、主动性和创造性，借助文明城市创建活动，在农村广泛开展星级文明村、星级文明户创建活动，树立自立自强、互助友爱精神，在全社会努力营造一种奋力争先、奋发有为、奋发向上的氛围和局面，让总书记提出的“幸福都是奋斗出来的”理念深入人心。要深入开展“志智双扶”活动，组织开展“扶贫之星”“脱贫之星”评选以及脱贫攻坚先进事迹巡回报告，让身边人讲身边事、让身边人感动身边人，不断激发他们脱贫致富的内生动力，为脱贫攻坚工作提供源源不断的“源头活水”。

四要严明奖惩抓落实。奖惩并举，才能推动落实。脱贫攻坚工作任务很重，责任很大，很多同志的确付出很多，牺牲很大，我们必须关心关爱，解决实际问题，解决后顾之忧。《2019年三门峡市脱贫攻坚奖惩办法（讨论稿）》，明确、详细规定了对各县（市、区）、各部门、各级领导的奖惩措施，还有我们2017年出台的对基层干部的奖惩措施，今年我们都要兑现到位，体现组织的一诺千金，进一步树立鲜明的工作导向、业绩导向，形成既有压力也有动力的氛围，鼓励大家在扶贫攻坚的伟大实践中展现作为，凝聚全市脱贫攻坚、干事创业的强大合力。

行百里者半九十。脱贫攻坚已经进入决战决胜的关键阶段。希望大家真抓实干、埋头苦干，打一场书写历史、载入史册的决胜战役，向人民汇报！

（图片由三门峡市委宣传部提供）

唱响脱贫攻坚的时代强音

——河南省三门峡市脱贫攻坚工作

三门峡市有1个集中连片特困地区国家级贫困县卢氏县，有6个承担脱贫攻坚任务的县（市、区），分别是卢氏县、灵宝市、渑池县、陕州区、湖滨区和城乡一体化示范区。全市共有贫困村346个，其中深度贫困村232个，有建档立卡贫困户67339户、218987人。2016年脱贫攻坚战全面开展以来，三门峡市脱贫攻坚取得了显著成就，贫困人口从2015年底的43036户、142446人减少到2018年底的15703户、36099人，贫困发生率从8.43%降低到2.22%，3年时间减少了10.6万人，平均每年减贫3.54万人。因为历史的原因，截至

2018年年底全市仍有未退出贫困村208个，深度贫困村171个，占82.21%，仍有贫困人口15703户、36099人，贫困发生率为2.22%。

脱贫攻坚战中，三门峡市坚持把脱贫攻坚作为头等大事和第一民生工程，以脱贫攻坚统揽经济社会发展全局，全市上下齐心协力、同频共振、共同发力，脱贫攻坚取得决定性进展，三门峡市党建扶贫、金融扶贫、“三变”兜底、易地扶贫搬迁、产业扶贫等多项工作得到习近平、汪洋、刘云山、马凯、王国生、陈润儿等中央、省领导的指示批示和调研指导，得到国务院扶贫办、省扶贫办的充分肯定，

进一步增强了打赢打好脱贫攻坚战的信心决心。全国金融扶贫现场会、全国易地扶贫搬迁现场会、国务院扶贫办扶贫小额信贷座谈会、全省金融扶贫现场会、全省易地扶贫搬迁现场会、全省交通运输脱贫攻坚现场会等专项会议先后在三门峡市召开；金融扶贫产融结合、风险防控、带贫发展“三项机制”在国务院第五次大督查中被作为典型经验通报表扬；全市扶贫小额信贷工作做法代表河南经验在2018年全国扶贫开发工作会议上做交流发言。

2019年以来，三门峡市委、市政府持续将脱贫攻坚作为头等大事和第一民生工程，摆在经济社会发展的首要位置，提出“减贫25500人，高标准退出贫困村181个，实现卢氏县脱贫摘帽”的年度奋斗目标，先后召开全市脱贫攻坚第八次推进会议和全市扶贫开发工作会议，成功承办全省金融暨产业扶贫工作推进会议，聚焦精准方略，下足“绣花”功夫，举全市之力打赢打好脱贫攻坚战，确保如期完成全面小康任务。

三门峡市委、市政府始终坚持政治导向、问题导向、效果导向，以提高群众满意度为目的，聚焦“两不愁三保障”突出问题，高位部署、尽锐出战，全力以赴、苦干实干，扎实做好各项工作。他们的主要做法是：

提高站位，聚焦担当抓责任

三门峡市坚持以政治责任落实政治任务，市委、市政府出台《关于进一步明确各级脱贫攻坚责任 凝聚合力打赢脱贫攻坚战的实施意见》和《三门峡市脱贫攻坚奖惩办法》，压实市级指导责任、县级主体责任、乡村主干责任、部门帮扶责任，把责任夯实到基层、把工作落实到基层，以责任全面落实推动政策落实、工作落实。市级领导以上率下。认真落实五级书记抓扶贫，市级领导干部带头转变作风、重心下沉，深入乡村、昼访夜谈，与干部群众共商脱贫攻坚，为基层解疑释惑。2019年5月份以来，市委书记、市长已暗访调研行政村26个；市委副书记、分管副市长每周至少2天带案下访，进村入户督导脱贫攻坚；其他市级领导干部深入基层调研脱贫攻坚78次，遍访全市有脱贫攻坚任务的65个乡（镇），掀起“进千村、访万户、吃百家饭”热潮。各县（市、区）上率下行，湖滨区深入开展“基层调研日”活动，明确34名县级领导分包村（社区）、重点项目、分管领域等基层联系点，486名科级干部深入贫困户、企业、学校等，蹲点调研、解决难题。行业部门协同发力。全市15个脱贫攻坚重大专项指挥部每月会商调度专项工作，为各类问题“把脉问诊”，做好政策分析，提出解决措施；定期召开产业扶贫、项目推进、行业扶贫、定点扶贫等工作推进会议，动员市、县定点扶贫单位进村入户开展帮扶；创新制定行业部门脱贫攻坚责任清单、政策清单、标准清单和服务清单，指导基层逐条逐点落实到村到户到人到项目。

攻坚破题，聚焦重点抓创新

聚焦金融扶贫，探索深化“三项机制”。三门峡市坚持户贷户用主方向，在持续深化金融扶贫“卢氏模式”的基础上，围绕“用得好、还得上、可持续”，完善产融结合机制，重点支持投资少、见效快、效益高的种植、养殖和农产品加工等产业项目；完善风险防控机制，建立“监管服务机制”，分类施策处置逾期贷款，有效防控扶贫小额信贷不良率；完善带贫发展机制，推动非贫困户带动贫困户“1+1”合伙发展、新型经营主体带动贫困户“1+1”合作发展。截至2019年7月底，全市累计发放户贷户用扶贫小额贷款25664笔、11.62亿元，实现产业发展和群众增收双赢局面。聚焦产业扶贫，大力实施“百千万”工程。以产业扶贫基地“百千万”工程为抓手，市级财政安排1亿元奖补资金，立足本地特色优势，依托科尔沁肉牛、林海兴华食用菌等一批龙头企业，推广“龙

头企业＋新型经营主体＋产业基地＋农户”产业发展模式，构建“龙头企业带动、新型经营主体组织、农户参与、基地承载、共同受益”的利益联结机制。2017年以来，市财政每年拿出1亿元产业扶贫奖补资金，大力实施产业扶贫基地“百千万”工程，建成产业扶贫培训基地108个，产业扶贫就业基地1056个，产业扶贫增收大棚10837个，直接带动2.1万贫困人口参与产业链增收；全市共实施特色产业扶贫项目836个，覆盖带动4.5万户13.06万贫困群众发展产业增收脱贫。完善带贫机制，建立龙头企业带贫、专业合作社带贫、集体经济带贫、能人大户带贫“四带”模式，全市规模以上农业龙头企业达到218家、农民合作社1400家、家庭农场365家，农业产业化集群38个，辐射带动贫困户提升产业发展能力和抵抗市场风险能力。突出带贫成效，建立“龙头企业带动、新型经营主体组织、产业基地承载、贫困户亲身参与、多方共同受益”的利益联结机制，组织贫困群众融入产业链，对接大市场，实现发展和收益的可持续。2019年以来全市产业扶贫投入3.61亿元，实施产业扶贫项目488个，覆盖贫困户16721户51534人，预计人均增收4985元。目前，全市产业扶持措施覆盖率100%，叠加度达到280%，预期户年均增收4000元以上。聚焦易地搬迁，全力落实“四大目标”任务。围绕“搬得好、稳得好、致富好、生活好、推进好”，落实“三统筹、两限定、十一步程序选定”，建立“优质放心工程”“稳定收入保证”“党建引领脱贫”“社区服务保障”等四个责任体系，抓实每户1人稳定就业、“5个1”专项行动、“8种带贫模式”，实施安置点宜居环境提质工程和“五个新”工程，高标准抓好推进。目前，全市易地扶贫搬迁194个安置点建设全部完成，1.9万户、6.6万人搬迁入住，“十三五”期间易地扶贫搬迁任务已提前两年全面完成，是全省第一个整建制完成移民搬迁的地级市。聚焦党建引领，扎实开展“三年强基工程”。始终把加强基层党组织建设作为推动脱贫攻坚的重要内容，深化农村党员积分管理和“五星支部”创建，组织开展消灭村级集体经济“空白村”行动，扎实做好农村支部带头人建设，以基层党建高水平引领脱贫攻坚高水平。

严格标准，聚焦保障抓提升

三门峡市对照习近平总书记“脱贫既要看数量，更要看质量”的要求，多措并举、多管齐下增加群众收入，提高脱贫质量，巩固脱贫成果。严格退出程序。紧紧对照“一达标两不愁三保障”的贫困户脱贫标准、“一低五有六通”的贫困村退出程序以及贫困县摘帽具体要求，拉网排查整治硬指标，确保各项工作程序规范、成效明显、质量过硬，确保扶贫工作务实，脱贫过程扎实，脱贫结果真实，经得起实践和历史的检验。落实“四个不摘”。认真落实习近平总书记关于“四个不摘”要求，对脱贫户、退出村继续加大帮扶力度，做到不摘责任、不摘政策、不摘帮扶、不摘监管，持续巩固提升脱贫攻坚成果。夯实基层基础。将贫困人口基础信息“账实相符”作为日常重点工作内容之一，对贫困户系统信息与

实际情况进行重点审核，实行通报制度，确保账实一致。加强返贫风险监测。利用省平台“分析决策—重要指标监测—脱贫户返贫风险监测”模块，紧紧围绕贫困户脱贫、贫困村退出和贫困县摘帽标准，制定 55 项评估指标，在全市逐村逐户开展评估，逐一补齐短板弱项。细化实化防返贫工作。对 2014 年以来 5.1 万户脱贫户、138 个退出村开展“回头看”，实行动态监测，聚焦返贫风险较高的脱贫户，逐村逐户排查问题，分类建立台账，加强帮扶力度，因村因户施策，逐村逐户逐项销号，确保脱贫退出高质量。

激发动力，狠抓扶志扶智，激发脱贫主体内力

三门峡市开通运营“双扶驿站”106 个，建成贫困村新时代文明实践站 37 个，评选“脱贫光荣户”“产业脱贫示范户”等 1800 余户，宣传创作《大山的儿子》《铁拐》等文艺作品，组织开展“幸福是奋斗出来的”集中宣讲，在全社会树立勤劳致富、多劳多得的扶贫氛围和自立自强、脱贫光荣的社会导向。增强扶贫主体动力。加强驻村帮扶力量选派培养，全市共派驻行政村（包含贫困村、软弱涣散村）驻村第一书记 399 人、驻村工作队员 1190 人，贫困村实现驻村帮扶力量全覆盖。坚持在脱贫攻坚一线锻炼干部、使用干部，今年市级提拔使用第一书记 11 名、驻村工作队员 8 名和驻村管理机构人员 1 名；选派新提拔的 11 名副县级干部到脱贫攻坚一线培养锻炼，激发广大扶贫干部工作热情。成立市级脱贫攻坚业务讲师团，采取“小班”培训方式，对市直 120 家定点扶贫单位、3533 名驻村第一书记、工作队员和帮扶责任人开展脱贫攻坚政策宣讲，提高攻坚能力。保持帮扶主体活力。组织多层面的结对帮扶活动，全市“百企帮百村”活动促成 365 家民营企业（商会）帮扶全市 444 个行政村（包含 324 个贫困村），累计实施产业帮扶、就业帮扶、公益帮扶、技能帮扶等项目 800 个，累计投入资金 53889 万元，帮扶贫困人口 51648 人；义马市对口帮扶陕州区，组织举行大型用工招聘会，提供就业岗位 1980 个，义马市机关干部募捐帮扶资金 103 万余元，捐送爱心物资 1870 余件，援建产业扶贫基地 3 个；开发区结对帮扶渑池县，提供“爱心超市”周转资金 20

万元。利用“中国社会扶贫网”平台，对接好社会爱心资源与贫困户多元化需求；通过开展春节走访慰问促消费扶贫、“一节一会”搭建供销对接等系列“消费扶贫”活动，动员全市142家单位和企业通过“以购代销”方式，消费贫困户和带贫经营主体生产的农（畜）产品和手工艺品130万余斤、1470万元以上。

下一步，三门峡市众志成城全面贯彻习近平总书记和中央关于脱贫攻坚的有关指示精神，落实河南省关于脱贫攻坚的安排部署，紧盯脱贫攻坚年度目标任务，下足“绣花”功夫，补齐短项弱项，扎扎实实做好脱贫攻坚各项工作。

一是紧盯2019年减贫25500人、退出贫困村181个和卢氏县脱贫摘帽的刚性目标，进一步整合资源、加大投入，强化措施、攻坚克难，高质量完成年度脱贫攻坚任务。

二是狠抓工作推进。继续坚持市委常委会、市政府常务会定期研究脱贫攻坚，书记市长定期视频点评，脱贫攻坚领导小组定期会商、15个专项指挥部专题研究落实等工作推进机制，加强市级会商研判，加大督查暗访力度，推动各项工作落细落实落精准。

三是夯实工作基础。继续围绕“一达标两不愁三保障”“一低五有六通”具体标准和要求，持续在全市开展“查短板、补漏洞、提质量”专项活动，在排查中整改、在整改中提升。高质量开展2014年以来贫困人口脱贫和退出村“回头看”，逐户逐村排查问题，因户因村精准施策，确保脱贫退出高质量。

四是打好“五大硬仗”。结合脱贫攻坚工作实际，咬定攻击目标，落实攻坚措施，着力打好产业扶贫、就业创业扶贫、生态扶贫、易地扶贫搬迁后续发展、金融扶贫五大硬仗，夯实脱贫的基础。

五是做好“五项保障”。坚持把脱贫攻坚作为当前压倒一切的政治任务、头号工程，全力做好公共服务保障、基础设施保障、组织领导保障、政策支持保障、后续工作保障，坚决打赢打好脱贫攻坚战，确保脱贫攻坚任务如期完成，为中原更加出彩贡献强劲的三门峡力量。（记者 梅淑娥）（图片由三门峡市委宣传部提供）

卢氏县

卢氏县总面积4004平方公里，总人口38.2万，辖9镇10乡、277个行政村，10个居委会，3114个村民小组、4113个自然村、18560个居民点，是全省面积最大、人口密度最小（每平方公里92人）、平均海拔最高（全县平均海拔1221米，最高点狮子坪玉皇尖2057.9米）的深山区县，地貌特征可以概括为“三山三河两流域、八山一水一分田”。

卢氏县区位独特，交通便利，地处河南省西部，三门峡市西南方向，位于两省八县结合部，外联内通的交通格局和区域性交通枢纽基本形成。

卢氏县地形复杂多样，地势西南高、东北低，主要由中山、低山、丘陵和河谷盆地组成，境内崤山、熊耳、伏牛三山雄踞，共有大小山峰4037座。

卢氏县气候宜人，四季鲜明，地处亚热带与暖温带的过渡带，具有大陆性季风气候的特点。

卢氏县横跨黄河、长江两大流域，水资源丰富，分布均匀，境内共有河流涧溪2400余条。

卢氏县矿藏众多，储量丰富，有十大类52种矿藏，潜在经济价值超万亿元。

卢氏县生物物种繁多，自然植被良好，有各种植物2400余种，野生中药材1200余种，是全国十大中药材基地县之一，有“一步三药”“中华天然药库”之称。

卢氏县生态优美，环境宜人，全县森林覆盖率69.34%，南部山区超过90%，大气环境质量优良天数达90%以上，是国家主体功

能区建设试点示范县。

卢氏县历史悠久，人杰地灵。始建于西汉元鼎四年（公元前113年），2100多年来县名未改，城址未移，是河洛文化的重要发祥地之一；1934年，红二十五军曾转战于此，是鄂豫陕革命根据地的核心区域，是河南省13个革命老苏区县之一。

卢氏县物产丰富，资源富集，农副土特产品类多样、品质优良，是河南省特色农业大县，也是全国食用菌生产先进县和“核桃之乡”；卢氏连翘、卢氏鸡、卢氏核桃、卢氏黑木耳获国家原产地地域保护认证；卢氏鸡绿壳蛋、卢氏核桃仁、卢氏黑木耳、卢氏香菇获国家有机食品认证；香菇、木耳、核桃仁、沙梨、绿壳鸡蛋等16种产品获河南省无公害产品产地认证；地理标志产品有卢氏连翘、卢氏黑木耳、卢氏鸡、卢氏核桃、卢氏绿壳蛋，是河南省地理标志产品最多的县。

卢氏县山清水秀，林茂洞幽，自然景观众多。全县有旅游资源单体284个，其中8个主类、29个亚类、54个基本类型，许多旅游资源为河南省乃至全国的精品。建成豫西大峡谷和双龙湾2个4A级景区，在建景区有大鲵湾、冠云山、熊耳山·汤河温泉、玉皇山、樱桃沟·红石谷等，被誉为“中原绿宝石”“豫西后花园”，“自由山水 清清卢氏”品牌迅速叫响。

卢氏县获得的部分荣誉：全国人民满意公务员集体、中国百佳深呼吸小城、中华民族文化生态旅游名县、中国优秀休闲度假旅游县、美丽中国·生态旅游（十佳）示范县、第20届亚洲旅游业金旅奖·十佳绿色生态旅游目的地、全国绿化模范县、中国“核桃之乡”、全国烟叶生产最适宜区、全国食用菌产业化建设示范县、国家级出口香菇质量安全示范区、全国优秀香菇出口基地县。（钟河　文）

卢氏召开脱贫攻坚推进会

值全党上下深入开展“不忘初心、牢记使命”主题教育，坚决打赢脱贫攻坚战，全面实施乡村振兴战略的关键时期，2019年7月16日上午，中国共产党卢氏县第十二届委员会第九次全体（扩大）会议暨脱贫攻坚第十四次推进会在县人民会堂召开。会议的主要任务是：深入贯彻习近平总书记关于“三农”工作的重要论述和总书记在参加第十三届全国人大二次会议河南代表团审议时的重要讲话精神，以及总书记关于脱贫攻坚的最新指示精神，全面落实省委十届九次全会、市委七届八次全会部署以及省市各级领导调研卢氏时的指示要求，动员全县上下紧盯高质量脱贫摘帽各项目标任务，守初心、担使命、找差距、抓落实，尽锐出战、奋力冲刺，查漏补缺、争先创优，为实施乡村振兴战略奠定坚实的工作基础。

县委书记王清华主持会议并讲话。就聚焦优先任务、锤炼过硬队伍、全力以赴高质量脱贫摘帽、努力推动乡村振兴战略高效率实施，从“怎么看、怎么干、如何保”三个方面，县委书记王清华强调三点意见：

一是怎么看？要领会精髓要义，把握关键环节，着力推动

乡村振兴战略高效率实施。一要处理好乡村振兴与脱贫攻坚之间的关系，坚定不移打赢打好脱贫攻坚战。打赢打好脱贫攻坚战是实施乡村振兴战略的优先任务，要把脱贫攻坚放在优先位置，尽锐出战，牢牢把脱贫攻坚作为头等大事、第一民生工程和首要政治任务。二要处理好乡村振兴总要求、总方针、总目标与我们正在做的事情之间关系，立足实际、遵循规律、科学推进。要持续深化金融扶贫试验区建设，促产业兴旺。要持续推进“生态立县、‘三生融合’”，促生态宜居；要实施好国土绿化提速行动、空气质量国家二级标准达标县创建、“五美庭院”创建等工作；要持续开展“文明诚信家庭争创”，促乡风文明；要持续抓好农村基层组织建设，促治理有效；要持续改善民生事业，促生活富裕。三要处理好主体与客体、内因与外因的关系，充分激发内生动力，切实发挥农民主体作用。四要处理好实施乡村振兴战略与推进新型城镇化的关系，统筹城乡发展。要坚定不移的开展百城提质、“三城联创”工作，推进城镇提质，打好高质量脱贫摘帽攻坚战，做好当下正在做的事情，为实施乡村振兴战略奠定基础。

二是怎么干？要聚焦优先任务，狠抓问题整改，着力提升脱贫质量。一要强化质量意识，整改问题不留死角盲区。整改内

容要一项不漏、整改对象要一个不少、整改标准要一丝不苟、整改时间要一天不拖。二要围绕群众增收，产业就业创业多管齐下。要大力发展产业，有效带动群众增收；要积极组织培训，努力扩大就业；要优化营商环境，积极支持创业；要补齐短板弱项，聚焦重点难点强力攻坚。要抓好住房保障、医疗保障、教育保障、饮水安全等工作，穷尽所有措施，拿出所有力量，保证今年年底达到高质量脱贫摘帽的标准。

三是如何保？要加强作风建设，锤炼过硬队伍，着力汇聚合力强化保障。要结合正在开展的“不忘初心 牢记使命”主题教育，把学习教育、调查研究、检视问题、整改落实贯穿各项工作全过程，真正做到理论学习有收获、政治思想受洗礼、干事创业敢担当、为民服务解难题、清正廉洁作表率，为攻坚决胜提供坚强的政治保障。具体工作中，一要尽锐出战，不获全胜，决不收兵。要派锐士、使锐器、出锐策。二要扛牢责任，严实作风，创先争优，做

到责任要再压实、作风再严实、成效要再求实。三要加强培训，提升本领，克难攻坚。要扎实开展主题教育，提升政治站位，增强思想和行动自觉；要强化理论政策业务培训，落实精准方略；要丰富群众工作方法，提升认可度和满意度。四要强化督导，严明纪律，鲜明导向，要加大督导力度增压力、改善督导方法求实效，用好督导成果树导向。五要严查扶贫领域腐败和作风问题，彻底整治官僚主义、形式主义。要坚决整治官僚主义、形式主义，提高资金使用绩效；要严肃查处贪占挪用、优亲厚友、违规插手工程招投标等不法行为，确保资金使用安全；积极规范程序、完善手续，防范和化解各类风险。

王清华强调，金戈铁马闻征鼓，只争朝夕启征程。我们要切实纠正迎检心态，消除自满思想，始终保持昂扬向上、奋发有为的精神状态，始终保持埋头苦干、真抓实干的工作作风，始终保持心往一块想、劲往一处使的专注精神，增强“等不起”的紧迫感、“慢不得”的危机感、“坐不住”的责任感，开足马力、攻城拔寨，争分夺秒、苦干实干，坚决实现高质量脱贫摘帽目标，为实施乡村振兴战略提供坚强保障，向党和人民交上一份满意的答卷！

县委副书记、县长张晓燕对上半年各项重点工作作了总结，对下步工作进行了具体部署。就做好脱贫攻坚、乡村振兴等工作，张晓燕要求，一要决胜脱贫摘帽，为推进乡村振兴奠定坚实基础。二要推进产业发展，为乡村振兴提供发展动能。三要以城带乡，统筹推进城乡一体化发展。四要抓好人居环境治理，不断增强群众的获得感和幸福感。五要坚持改革创新，激发乡村振兴活力。

在圆满完成会议各项议程后，大会在庄严的《国际歌》中胜利闭幕。（鲁冠均　洪梓豪　刘冰毅　文）

书写脱贫攻坚的史诗

——河南省卢氏县脱贫攻坚工作

河南省卢氏县坚持以习近平新时代中国特色社会主义思想和扶贫重要论述精神，在省市党委、政府的坚强领导下，以脱贫攻坚统揽全县工作大局，以金融扶贫试验区建设为有力抓手，以改善民生为出发点和落脚点，深入开展克难攻坚年和作风建设年活动，团结奋斗苦干实干，脱贫攻坚工作呈现出新气象。

卢氏县是国家级贫困县、秦巴山集中连片特困地区县，是河南省4个深度贫困县之一。全县共有贫困村158个（其中省定贫困村110个、深度贫困村118个，交叉70个）。2016年，全县精准识别贫困人口19645户63134人，贫困发生率18.9%，高出河南省平均水平13.7个百分点，高出三门峡市平均水平10个百分点。其中：因病致贫占33.5%，因交通条件差致贫占38.14%，因学致贫占6.6%，因残致贫占5.1%，因灾致贫占3.6%，因缺技术致贫占3.9%，因缺劳力致贫占3.4%，因缺乏项目资金致贫占2.4%，因缺水致贫占0.35%，因缺地致贫占1.72%，因自身发展能力不足致贫占1.29%。2016年底，11个贫困村达标退出，脱贫3352户12047人，未脱贫16301户50628人，贫困发生率 15.23%。2017 年，全县脱贫人口 2948 户 10900 人，剩余未脱贫 13379 户 40073 人，贫困发生率降至 12.03%。2018 年，全县 60 个贫困村达标退出，8461 户 29100 人稳定脱贫，贫困发生率下降了 8.62 个百分点、降至 3.41%，目前，还有贫困村 87 个，贫困人口 4941 户 11363 人。

以脱贫攻坚统揽大局，尽锐出战，克难攻坚

在上级党委、政府的坚强领导和社会各界的大力支持下，卢氏县深入贯彻习近平总书记扶贫重要论述，认真落实中央和省、市决策部署，脱贫攻坚工作取得了明显成效。2018 年脱贫的 8461 户中，家庭人均纯收入达到5000元以上有7034户，占比 83%，6000 元以上占近六成，7000 元以上占四成多。与 2017 年相比，人均纯收入 5000 元以上的脱贫户比例比上年提高了十个百分点。

在凝聚攻坚合力中，把自身优势与政策机遇融合起来，夯实政治责任这一基点。

首先，提升站位鼓干劲。卢氏县县委、县政府坚持把脱贫攻坚作为义不容辞的政治责任和光荣使命，牢固树立“跳出农业抓扶贫、跳出农村抓扶贫、跳出扶贫抓扶贫”的大扶贫理念，将脱贫攻坚与培育产业、补齐短板相结合，与民生改善、社会保障相结合，与基层党建、扶志扶智相结合，形成了“没有与脱贫攻坚无关的人、没有与脱贫攻坚无关的单位、没有与脱贫攻坚无关的事”的浓厚氛围，组，全面负责组织领导、协调推进和督促落实；学习借鉴兰考、泌阳经验，进一步健全完善县委常委会组成人员全员抓脱贫攻坚的工作机制，成立由县纪委书记牵头的脱贫攻坚督查巡查组，专职专责、全包全打，以督查巡查推动责任、政策、工作“三落实”。坚持县委常委会每月至少听取 1 次脱贫攻坚专题汇报，县政府常务会每月研究 1 次脱贫攻坚工作。建

构建了行业扶贫、专项扶贫、社会扶贫等多方力量、多种举措有机结合互为支撑的“三位一体”大扶贫格局。其次，强化统筹夯责任。成立县委书记、县长为“双组长”的脱贫攻坚工作领导小立县级干部分包联系乡村制度、开展“昼访夜谈”，县委书记带头走遍全县所有行政村。进一步完善脱贫攻坚责任考评体系，对县级领导、乡镇党政正职、驻村干部等 10 个层面的脱贫攻

坚责任予以明确细化，完善第一书记派驻、驻村工作队帮扶和公职人员结对帮扶工作机制，调优村级脱贫攻坚责任组成员，细化管理、强化保障；为非贫困村新增派61名第一书记，实现所有行政村全覆盖。其次，社会帮扶聚合力。国家海关总署连续21年携手帮扶卢氏，在人力、物力、财力等方面给予了长期大力支持。省委、省政府高度关注、鼎力支持卢氏脱贫攻坚工作，安排郑州市、省农业厅、郑州大学与我县结对帮扶，郑州市12个县（市、区）与我县18个乡镇结对帮扶，确定了11大类帮扶项目及22项重点工作，总投资3亿元，1.2亿元已到位；分三批对我县新一届村两委干部培训一遍。省农业厅在政策指导、项目扶持和资金倾斜上全力支持，下属19个二级单位与我县19个乡镇结成对子，积极破解产业发展难题；郑州大学启动校地合作，在教学实践基地建设、农产品采购等方面达成协议并全力推进；开展“百企帮百村”活动，安排72家爱心企业与118个深度贫困村开展结对帮扶，一大批社会组织和爱心人

士倾力支持，奏响了专项扶贫、行业扶贫、社会扶贫助力脱贫攻坚的大合唱。其四，对标对表补漏洞。坚持高质量价值取向，坚持问题清零工作导向，坚持开门迎检目标方向，围绕“户脱贫、村退出、县摘帽”核心指标，聚焦“两不愁、三保障”突出问题，逐项对照抓整改，各项工作稳步推进。上半年，先后进行了“大排查、大整改、补短板、强基础”和“六查六保”活动（一查人口，确保账实能相符，信息无差错；二查住房，确保危房不住人，住人无危房；三查学生，确保补贴已落实，适龄无辍学；四查病人，确保参保全覆盖，办证无遗漏；五查饮水，确保水质能达标，吃水有保障；六查收益，确保增收有渠道，收入能超标），集中查找整改问题。大排查活动，共排查疑似问题11大类8.6万条，目前，已核实销号和整改8.3万条，正在核查整改3652条，整改率95%。“六查六保”活动中，对全县9000余名帮扶责任人轮训一遍；市县两级265个帮扶单位组织帮扶责任人进村入户核查，确保脱贫摘帽高质量。

在深化金融扶贫四大体系中，把改革和发展统一起来，做实金融扶贫这一亮点。

卢氏县以防控金融风险为重点，以创新贷款路径为手段，以服务实体经济为目标，进一步让金融服务体系“活”起来、信用评价体系“准”起来、产业支撑体系“实”起来、风险防控体系“硬”起来，努力实现审批方式由“线下”向“线上”、贷款投放由“特惠”向“普惠”、担保主体由“政府”向“市场”、风险防控由“事后”向“全程”的突破。截至6月底，全县2019年新增金融扶贫贷款10014.5万元，其中建档立卡贫困户1743户8174.5万元；合作社5家510万元；企业3家1330万元。累计投放金融扶贫贷款15.13亿元，其中扶贫小额贷款14176户6.88亿元，户贷率43.65%；合作社贷款169家4.04亿元；企贷款32家4.21亿元。贫困户和合作社贷款按期收回率分别达到99.52%和100%，不良率0.17%，真正实现了“贷得出、用得好、收得回、可持续”。金融扶贫呈现出强劲的撬动、放大、外溢、聚合效应，有力促进县域经济高质量发展。

在大力培育支柱产业中，把强县和富民结合起来，狠抓产业扶贫这一重点。

通过产业就业“双轮驱动”，目前全县未脱贫的4941户11363人中，转移就业覆盖2337户，产业扶贫覆盖3921户，产业扶贫措施到位率99.7%，产业叠加度2.95。一是着力发展食用菌、烟叶、特色养殖等短平快产业，确保短期可脱贫。食用菌方面，培育信念、金海两个食用菌龙头企业，建成投用工厂化菌棒加工厂2个，年加工5500万棒；建成高标准食用菌大棚2000余座，食用菌产业正从“小散弱”向“专精深”转变，实现了“全年出菇、四季上市”，全年全县食用菌生产规模达到2.1亿棒，带动贫困户4000余户，户均增收1.8万元以上。烟叶方面，通过提高质量，增加烟农效益，种植7万亩，收购18.55万担，实现产值2.4亿元，税收5200万元，带动703户贫困群众户均增收5000元。特色养殖方面，以科尔沁牛业、三阳畜牧为龙头，带动贫困群众2000余户，户均增收4000元。其中，科尔沁牛业存栏3000余头、三阳畜牧存栏1.1万只，河南金海和河南牧源两个有机肥厂正在加快推进。蔬菜方面，蔬菜产业培育龙头企业2个（信念、智禾），发展蔬菜大棚467个，种植黄花菜2000余亩，带动贫困群众680户，户均增收2000元以上。就业创业方面，今年上半年，全县劳动力转移就业9.92万人次，同比增长近四成，其中贫困劳动力转移就业4.04万人，实现有就业能力且有就业意愿的贫困家庭劳动力就业全覆盖。开发生态护林员、保洁员等公益性就业岗位6300余个，户年均

增收5000元以上。光伏扶贫方面，财政投资建成村级光伏扶贫电站154个，覆盖135个贫困村，带动3200户贫困户，户均增收3000元，平均每个村年收益超过12万元；建成集中式光伏电站2个，带动1334户贫困户，户均增收3000元。二是着力发展核桃、连翘等长效产业，确保中期可致富。林果业方面，目前全县栽植核桃总面积超过100万亩，高效连翘总面积超过87万亩，人均新增核桃和高效连翘面积超过2亩，带动贫困户1.3万户，户均增收3000元以上。建成万亩以上示范园8个，5000–10000亩示范园10个，1000–5000亩示范园30个。中药材方面，种植丹参、苍术、白芨等中药材近2万亩，带动3000余户群众，户均增收3000元以上。三是着力发展生态旅游、康养旅游等现代服务业，确保长远可持续。预计上半年接待游客262.46万人次，同比增长57.76%；旅游收入10.52亿元，同比增长32.32%。在省旅游局的大力支持下，我县跻身河南省“十百千万”旅游扶贫十个示范县，大鲵湾生态旅游度假区、汤河乡汤河村晓墅乡村度假综合体等一大批旅游胜地正在紧锣密鼓建设中，全域旅游步伐不断加快。电子商务发展势头强劲，去年卢氏在全市电商扶贫督导考核中名列全市第一。

在推进易地扶贫搬迁中，把城镇和乡村贯通起来，突出易地扶贫搬迁这一特点。

首先是“搬得出”提前实现。“十三五”期间易地扶贫搬迁任务9000余户3.3万余人，占全

省任务的八分之一、三门峡市的一半以上，去年9月底，易地扶贫搬迁建设任务全面完成，群众全部入住，“搬得出”目标提前一年实现。全国、全省易地扶贫搬迁现场会到我县观摩。二是“稳得住”同步保障。组建易地扶贫搬迁后续发展公司，构建“社区党支部+网格党小组+党建联络员”三级网格服务体系，实现了搬迁群众“事有人管、难有人帮，和睦相处、安居乐业”。三是“可发展”后劲十足。围绕55个安置点建成产业基地71个、扶贫就业基地23个、光伏电站8个，实现产业配套全覆盖，提供就业岗位1万余个，6000余名搬迁群众就近就业。四是危房改造扎实推进。2019年确定危房改造存量4386户，已全部竣工。全县农村危房改造工作成效获得国务院办公厅督查激励。

在发力基础设施和公共服务中，把改善群众生产生活条件与提升自我发展能力联系起来，攻克深度贫困这一难点。

交通方面，蒙华铁路10月通车，卢栾高速、卢洛高速扎实推进；158个贫困村路面全部硬化，行政村客车通达率和通邮率均达100%。全省交通运输脱贫攻坚现场会暨深度贫困地区交通运输脱贫攻坚推进会在我县召开。电力方面，投资2.33亿元的220千伏输变电工程建成投运，结束了我县没有220千伏电网的历史，标志着全省县域220千伏电网全覆盖，形成了以220千伏为核心、110千伏为支撑、35千伏覆盖所有乡镇、贫困村全部通动力电的全域坚强电网，电力高速正式开通，为脱贫攻坚和经济社会高质量发展注入强大动力。水利方面，投资1.76亿元建成安全饮水项目312处，解决近30万人安全饮水问题；实施巩固提升工程202处，将于7月上旬完工通水。通讯方面，建成通讯基站1991个，开通宽带端口19.18万个，实现了所有行政村手机信号和网络宽带全覆盖。教育方面，投入近10亿元，对全县义务教育阶段的所有校舍进行了更新改造，办学条件全面改善，义务教育发展基本均衡县创建顺利通过国家评估认定。卢氏一高成为郑州大学优质生源基地。文化方面，建成303个基层综合性文化服务中心，实现贫困村公共文化服务全覆盖；广泛开展送戏下乡、戏曲进校园、放映农村公益电影等文化惠民活动；央广工程数字节目顺利落地、直播卫星公共服务推进工程稳步实施，广播电视公共服务能力显著提升，荣获省级文化先进县称号。卫生方面，中医院、县医院、妇幼保健院建设项目加速推进；20所乡镇卫生院中医馆全部建成投用；建成标准化卫生室333所，所有贫困村配备了合格乡村医生；家庭医生签约服务实现贫困户及特殊人群全覆盖；“369基层卫生人才工程”强力实施，医疗力量不断充实。社会保障方面，老人、病人、残疾人等特定贫困群众保障性扶贫措施全面落实，低保、五保两项保障不断强化，临时、医疗、灾害、困境儿童、残疾人、慈善六项社会救助效果彰显，社会保障底线进一步兜牢；完成重度残疾人家庭无障碍改造1312户，为1900名重度残疾人发放轮椅、助听器等康复设施，改造率和改造质量位列全省前茅；贫困人口基本医疗保险、基本养老保险全面覆盖，大病兜底医疗保险顺利实施，“五重医疗保障体系”进一步巩固完善。同时，实施非贫困村均衡发展计划，逐步提升基础设施及公共服务水平，积极谋划扶持产业，努力解决“悬崖效应”。

以党的建设推动脱贫攻坚工作

加强政治建设强引领。坚持把落实巡视巡察反馈意见整改作为践行“四个意识”、落实“两个维护”的重要体现，作为推动全面从严治党向纵深发展的重要契机。

锻造忠诚干净担当干部队伍。树立鲜明用人导向，坚持好干部标准，实行“四个注重”“五方推荐”，让干得好的政治上有前途、经济上得实惠、社会上有地位。5月份利用机构改革契机，提拔重用185名扶贫一线敢干事、能成事、有实绩的优秀干部（其中，新提拔乡镇扶贫办主任7人，驻村第一书记、工作队长35人，乡镇主管扶贫副书记15人）；配齐配强乡镇领导班子，为每个乡镇新增人员编制10—20个，充实基层扶贫力量。加大干部培训力度，组织参加省、市级调训8期，培训县级干部8人，科级干部11人；举办各类培训班45期，培训县级干部163人次，科级干部1360余人次；对扶贫一线党员干部分层次培训一遍。在待遇保障、正向引导、人文关怀、抚恤救助等方面关爱支持扶贫

干部，使其感受温暖、安心工作、奋发作为。

铸就坚强战斗堡垒。首先，高质量完成村级组织换届。针对大量农村人口转移就业的现状和易地扶贫搬迁实际，在尊重群众意愿和历史渊源的前提下合村并点，行政村减少了 75 个，设置进一步科学合理；扎实做好村级“两委”换届工作，选优配强村“两委”班子，换届后支书和主任平均年龄分别比上届年轻了 2.5 岁、2.9 岁，高中及以上学历增长 23.5%，致富带头人比例增长 43.6%。270 余名返乡能人、乡贤、退伍军人、退休干部充实到村干部队伍中。其次，加强党员队伍建设。持续深化“五星争创”固堡垒、“三评一考”强班子、“党员积分”建队伍的“三位一体”农村基层组织管理激励体系，有效激发党支部在基层工作中的战斗堡垒作用发挥。规范抓好党员活动日、党员积分管理、无职党员“一编三定”等载体活动，对农村党员积分管理办法进行重新修订，进一步强化党员队伍管理，激励广大党员担当作为。其三，强化激励保障。三年四次大幅提高村干部工作报酬，支书上调至 2000 元 / 月，是 2016 年的 3.3 倍，其他村组干部同步提高，村经费增长到 4 万元；县派第一书记工作经费增加至 1 万元；驻村干部生活补贴由每月 500 元提升至每天 50 元。开展“基层党建、金融扶贫、美丽乡村”标兵村评选活动，每评上一项，所在村党支部书记、“两委”成员和监委会成员工作报酬每月分别上调 500 元、300 元和 150 元，奖励报酬可重复累加，基层党组织“比学赶超”的争先创优意识明显增强。其四，整顿软弱涣散党组织。坚持运用“六步工作法”和 10 条标准，狠抓软弱涣散村和后进村集中整顿，今年新排查出 8 个软弱涣散和 1 个后进村党支部，由县级领导牵头，逐村建账促改、整顿提升。其五，培育壮大村集体经济。制定了扶持办法，鼓励和引导各村发挥“三资”优势，推进“三变”改革，2018 年全县七成以上行政村有了集体经济收入，较 2017 年增长 44.3%，三分之一村集体经济收入超过了 5 万元，比上年提高了 28.7%。今年对全县 23 个集体经济空白村和 39 个收入在 5 万元以下的集体经济薄弱村进行重点扶持，确保年底前全县所有村集体经济达到 5 万元以上。

坚定不移推进党风廉政建设。严肃执纪问责。坚持无禁区、全覆盖、零容忍，坚持重遏

万元，并在医疗、教育、保险、旅游、交通等多个方面享受优惠政策，使其社会上得荣誉受尊崇，经济上享政策得实惠，实现了文明诚信建设和金融扶贫创新的有机

制、强高压、长震慑，始终保持惩治腐败的高压态势。严肃查处扶贫领域腐败和作风问题，全力推动高质量脱贫摘帽。今年以来共查处扶贫领域腐败和作风问题17 件 25 人，给予党纪政务处分25 人。推进以案促改。筛选党员干部涉黑涉恶腐败问题和扶贫领域、民生领域、金融系统腐败典型案例 8 起，督促各乡镇各有关单位广泛开展警示教育，强化查处一案、警示一片、规范一方的治本作用。

深入开展“争创文明诚信家庭”活动。2017 年以来，在全县积极开展“争创文明诚信家庭”活动，以“标兵户”“文明户”“诚信户”“守法户”评选、表彰、奖励为载体，把文明诚信建设引入到金融扶贫信用评价之中，对评选出的“标兵户”“文明户”贷款额度分别提升 10 万元和 5 万元，并在医疗、教育、保险、旅游、交通等多个方面享受优惠政策，使其社会上得荣誉受尊崇，经济上享政策得实惠，实现了文明诚信建设和金融扶贫创新的有机结合、相互促进、持续深化，既解决了扶贫贷款发放难题又淳朴了社会文明风尚。2018 年共评选出“标兵户”1975 户、“文明户”18297 户、“诚信户”37209 户、“守法户”27619 户，占全县农户的 93.54%。其中，“标兵户”“文明户”“诚信户”分别较 2017 年增长了 0.6%、14.9% 和 15.8%，“空白户”下降了 20.3%。通过评选表彰文明诚信家庭，不断形成了向上向善、和合包容的良好社会风尚。

近两年，卢氏县扶贫产业有了长足发展，实现年底脱贫摘帽充满信心，但龙头企业数量少、规模小、带动能力弱的问题未根本缓解，对下步可持续发展和乡村振兴战略的实施保障基础薄弱。下一步需要引进一批绿色农业、特色工业、生态旅游方面带动能力强、发展后劲足的龙头企业，培植骨干财源，为打赢打好脱贫攻坚、实施乡村振兴战略注入活力动力。卢氏县未脱贫人口中，因病因残致贫合计占比 74.7%，低保五保合计户占比 81.22%。现有 1540 户 2645 人兜底户中，因病、因残致贫占八成以上（82.48%），无劳动力和丧失劳动力占六成以上（62.04%），低保贫困户、五保贫困户合计户占比超九成（93.51%）。现有未脱贫人口整体年龄偏大、文化程度低、劳动能力弱；因病因残致贫占比高，自身发展能力弱，兜底保障任务重，脱贫难度较大。卢氏县将迎难而上、克难攻坚，宁愿干部脱层皮，确保群众如期脱贫。

卢氏县决心紧紧围绕脱贫摘帽目标，持续强化组织领导，提升攻坚能力，强化帮扶措施，搏尽全力，奋勇向前，尽锐出战，打一场书写历史、载入史册的人民战争，创造无愧于卢氏新时代的光辉业绩，以高质量脱贫摘帽向新中国成立 70 周年献礼。（梅淑娥　文）（图片由卢氏县宣传部提供）

金融扶贫树样板 乡村开出幸福花

地处豫晋陕三省结合部的河南省三门峡市卢氏县，平均海拔高、人口密度小，4004平方公里的土地上，耸立着4037座青山翠峰，流淌着2400多条河流涧溪，横跨长江、黄河两大流域，是南水北调中线工程水源地、国家生态功能区，也是革命老区、国家扶贫开发重点县。

因地制宜 金融扶贫显实效

脱贫增收，发展产业是关键；扩大生产，资金投入是基础。卢氏县因地制宜，大胆探索，根据实际情况探索出综合性金融扶贫模式，较好地破解了贫困地区扶贫小额信贷落地难的问题。全国金融扶贫现场会、易地扶贫搬迁现场会到卢氏县观摩，河南省金融扶贫现场会、产业发展现场会、易地扶贫搬迁现场会、交通扶贫现场会在卢氏县召开。

自脱贫攻坚战打响以来，卢氏县找准贫困症结，破解资金难题，结合实际探索金融扶贫模式，依据“三好三强”“三有三无”主要内容，创造性地把群众表现转化为信用征信，建立了金融服务、信用评价、产业支撑、风险防控四大体系，推动金融扶贫与产业发展相融共生，促进产业蓬勃发展。

破解症结障碍 引入金融活水

近年来，卢氏县为了做好金融扶贫，发挥政府投入的主体和主导作用，以及金融资金的引导和协同作用，突出问题导向，破解症结障碍，探索构建金融服务、信用评价、产业支撑、风险防控金融扶贫四大体系。设立县金融扶贫中心和乡站、村所三级金融服务体系，着力解决银行工作人员不足和“服务最后一公里”等问题。乡村干部融进来，金融服务从“没人管”到“管到底”，解决了“谁来管贷款，如何贷得快”的问题。

卢氏县采用“政府主导、银行推动、多方参与、信息共享”的方式，对农户进行全方位信息采集，建立覆盖全县的信用信息大数据库，系统评级为A级及以上农户76876户，“有信率”达86.1%。据此为每个农户建立信用档案，根据不同的分值划分为4个等级，分别给予5万元至20万元纯信用额度，为农户提供信息查询、“一站式”网上贷款服务。

卢氏县实施项目带动，精选主导产业。围绕龙头企业、农民专业合作社、贫困户三类生产经营主体，将绿色现代农业确立为主导产业。

卢氏县建立科学严密的风险防控体系，最大限度地降低贷后风险。

主体饱饮金融水 产业蔓发涌春潮

2017年12月，在青山环抱的卢氏县东明镇涧北村，占地300余亩的香菇菌棒厂及食用菌产业园建成投产。菌棒厂投资2.5亿元，年产食用菌菌棒3000万棒，可带动3000户农户发展香菇产业实现脱贫增收。包括这个工厂在内，河南信念集团已在卢氏县投资4亿多元发展香菇及蔬菜、养猪产业。此外，河南金海生物科技有限公司也投身于卢氏县香菇、羊肚菌等食用菌扶贫产业开发。

河南信念集团、河南金海生物科技有限公司两家龙头企业采取“公司+合作社+农户+基地”的生产经营模式，迅速使卢氏县香菇产业实现升级换代，并转变为规模经营，一季出菇变为四季上市，规模效应日渐凸显。

卢氏县香菇产业之所以迅速做大做强，金融扶贫发挥了关键作用。强有力的金融扶贫资金支持，让卢氏香菇香飘世界、群众收入成倍增加。

卢氏县创新劳务增收、订单农业、合作经营、“产权+劳务”等多种模式，化解农户“单打独斗”带来的风险，将贫困群众融入基地、嵌入产业链，初步形成了“龙头企业带动、合

作社组织、农户参与、基地承载”的机制。

“输血”变为“造血”，产业发展劲头十足。圣玛斯科技、林海兴华农业、金海生物、润奇食品等公司已建成投产；鑫兆丰电子科技、善都生物等项目正快速推进，建成后可新增就业岗位3000个以上。依托双龙湾、豫西大峡谷、豫西百草园3个4A级景区，打造旅游精品线路10条，游客接待量、旅游总收入连年翻番。

脱贫攻坚“加速度”乡村振兴开新篇

截至目前，已投入逾15亿元金融扶贫资金，成倍扩展了生产总量，卢氏县近一半的户贷率更使贫困家庭产生了“发展生产时不我待”的思想，引发了干部群众思想观念的大转变。

卢氏县还把文明诚信建设引入金融扶贫信用评价之中，实现文明诚信建设和金融扶贫创新的有机结合与相互促进。卢氏县积极开展“争创文明诚信家庭”活动，对评选出的“标兵户”“文明户”分别提升贷款额度，并在医疗、教育、保险、交通等多个方面享受优惠政策，使其在社会上得荣誉受尊重、经济上享政策得实惠，在解决扶贫小额信贷落地难等问题的同时，弘扬了社会文明风尚、激发了脱贫内生动力。

着眼长远发展、考虑后续生活，按照靠近城区、产业园区、镇区、景区和中心村“四区一村”安置的办法，卢氏县建成安置社区55个，2019年6月底，全县实现危房清零。全国易地扶贫搬迁现场会到卢氏观摩，危房改造工作受到国务院表彰。

倾力教育扶贫，升腾老区

希望。卢氏县争取国家开发银行贷款、“改薄”项目资金10.39亿元，新建改建寄宿制学校60所，1.3万余名建档立卡贫困学生的扶贫政策全部落实到位，教育质量迅速提升。

基础设施显著提升，城乡面貌日新月异。贯穿卢氏县境南北的蒙华铁路即将开通运行；投入16.2亿元，建成乡村道路1774千米，20户以上自然村公路通到家门口。投资1.76亿元，解决了20余万人的安全饮水问题。投资10.25亿元，建成了县、乡、村三级医疗服务体系，实现了医疗服务广覆盖。

截至2018年年底，全县贫困人口发生率已下降到3.41%，今年将实现高质量脱贫摘帽。按照“产业兴旺、生态宜居、乡风文明、治理有效、生活富裕”的总体要求，卢氏县全面创建“基层党建、金融扶贫、美丽乡村”三项标兵村，示范带动、全面提升。

古老而神奇的卢氏大地，正投入脱贫攻坚的时代伟业，开启乡村振兴的多彩华章。（张海军　文）

搬迁任务总量约占全省的八分之一，占全市的二分之一，占全县贫困人口的一半。

建设房屋 9310 套 84.6 万平方米，提前一年完成易地扶贫搬迁任务。

克服恶劣天气，创造了 99 天建设 44 栋楼的行业奇迹，以攻城拔寨的勇气彰显“卢氏速度”。

在 55 个搬迁安置点建设产业基地 71 个，带动 2583 户 10539 人受益。

全面完成 2016 年、2017 年拆旧复垦任务，实现拆除率和复垦率双百目标，两批次完成复垦券交易 1951 亩，交易资金 5.85 亿元。

2018 年以来，河南省卢氏县坚持把易地扶贫搬迁作为脱贫攻坚的头号工程，采取超常举措，奋力克难攻坚，统筹谋划，多措并举，实现了全县“十三五”搬迁任务提前一年完成。2018 年 10 月召开的全国易地扶贫搬迁现场会、11 月召开的全省易地扶贫搬迁现场会均确定卢氏县为观摩点，该县整体工作受到高度评价。全县上下以奋发昂扬的斗志书写着易地扶贫搬

迁的“卢氏传奇”。

任务之重，如何谋划?

近日，在卢氏县官道口镇，记者见到了秋凉河村吉子埝组村民程玉林。说起易地扶贫搬迁，他一脸的高兴和满足：“我老家条件很艰苦，种3亩地养活一家3口，租别人一孔旧窑，一住就是12年。如今我们全家住进了易地搬迁安置小区，真是一步跨到了小康社会。”

“一步跨到小康社会”——程玉林的话说出了所有易地搬迁贫困户对党和政府的感激之情。

卢氏县是河南省面积最大、平均海拔最高、人口密度最小的深山区县，是国家秦巴山区特困连片地区扶贫开发工作重点县、革命老区县，2016年年初全县还有贫困人口19645户63134人，贫困发生率高达18.9%。“一沟十八岔，岔岔有人家，多则三五户，少则一两家”是卢氏山区群众居住情况的真实写照。自然条件严酷、生存条件恶劣，吃水难、出行难、上学难、看病难、就业难等问题，成了很多贫困户的致贫根源。

穷则思变。卢氏县把易地扶贫搬迁作为顺应人民对美好生活向往的现实需求，作为打赢脱贫攻坚战的首要之举，将“搬迁是手段，脱贫是目的”的理念贯穿于安置区选址、安置模式选择、安置房及配套设施建设、后续产业发展和就业扶持的全过程，守住搬迁对象精准的“界线”、建房面积的“标线”、搬迁不举债的“底线”。

在建设安置小区时，卢氏县立足资源特点和群众意愿，落实“五规合一”要求，坚持时间服从质量，统筹整合资源，扎实有序做好安置点选址、方案编制、规划审定等前期工作，与新型城镇化、美丽乡村、产业集聚区建设等有机结合，因地制宜采取集中安置和分散安置两种途径，确定“四区一村”(城区、园区、镇区、景区、中心村)安置方式，在选址上做到“三避开”(避开地质灾害区、避开洪水威胁区、避开基本农田)、“四靠近”(靠近县城、靠近乡镇政府、靠近产业园区和旅游景点)，在设计上守住“不让贫困户因搬迁增加负债”底线，实现“三个防止”(防止建筑面积过大、防止建设标准过高、防止资金投入过多)。同时，针对中心村安置点的一户一宅特点，打两层的基础，建一层的房子，方便群众脱贫后再续建第二层。在建设上实行招标制、合同制、法人制、监理制“四制管理”，真正织牢施工、质量、资金安全网。

资金之巨，如何筹措？

对于卢氏县来说，建设安置房所需的20亿元资金是极大的困难。好在2015年年底，中央给出了政策红利——利用增减挂钩政策支持易地扶贫搬迁。

2016年2月，国土资源部明确提出：集中连片特困地区、国家扶贫开发重点工作县开展增减挂钩的，可将增减挂钩节余指标在省域范围内流转使用。“这真是一项好政策。我们拆掉老房子，将宅基地复垦，不仅能分到钱，还能无偿住上新楼房。”卢氏县朱阳关镇涧北沟村的郭玉亮高兴地告诉记者，“没有国家的好政策，我这一辈子也很难挪出穷窝窝啊！”

郭玉亮说的“好政策”，就是河南省推行的宅基地复垦券制度——易地扶贫搬迁户将旧房危房腾退，由全县统一进行拆除复垦，节余产生的建设用地指标在省内公开交易。卢氏县国土资源局职工苏庆辉对记者说：“我县积极响应上级政策，主动作为，2018年完成农村建设用地整治1624亩，其中1000亩用于增减挂钩节余建设用地指标跨省调剂，可为我县筹措脱贫攻坚资金3亿元。”

据了解，为落实国家易地扶贫搬迁工作部署，卢氏县先后两批次申请宅基地复垦券预交易1951亩，成交金额5.85亿元。

复垦券交易制度的实施，不仅给卢氏县开展易地扶贫搬迁工作提供了资金支持，也让更多的贫困户享受到了土地政策带来的红利。

形势之紧，如何实施？

“十三五”期间，卢氏县精准识别易地扶贫搬迁对象3.38万人，规模约占河南省搬迁总量的八分之一。面对严峻的形势，卢氏县委、县政府不等不靠、果断决策、科学规划，全县共建设集中安置点55个，按照“座座有特色，处处皆风景”的原则，建设多层楼宇186栋、农家院落193套、景区民宿89套。

高楼林立，排列有序，大气壮观，这便是卢氏县横涧园区易地扶贫搬迁安置点——兴贤里社区，2749个贫困家庭11212名贫困群众告别世代居住的大山，在这里安下新家，开启了脱贫致富新生活。

兴贤里社区是卢氏县易地扶贫搬迁建设的主战场，位于横涧乡营子村，是全县最大的易地扶贫搬迁安置社区，也是河南省规模最大、安置人口最多的易地扶贫搬迁安置小区，总规划占地468.31亩，共建设83栋六层楼房，其中住宅建筑面积24.99万平方米，生产车间建筑面积6328平方米。建设者“小雨不停，大雨搭棚，夜里掌灯，昼夜施工”，创造了“99 天昼夜奋战，44 栋全部封顶”的“卢氏速度”。

建筑工人秦志杰告诉记者，在社区建设过程中，他连续工作了 306 天，连孩子出生都没有回去。“现在孩子都半岁了……”看着手机上孩子的照片，他的眼睛湿润了。

兴贤里社区建设的“卢氏速度”只是该县易地搬迁安置点建设的一个缩影，其他所有的安置点建设同样都是夜以继日、只争朝夕。

房子建成了，怎样实现顺利搬迁？2018 年 9 月 30 日，卢氏县领导和全县 110 家单位的 2100 余名志愿者一起到兴贤里社区参加“整洁卢氏、清洁家园”义务劳动，全面美化社区环境，为即将搬迁入住的贫困群众做好“保洁”，使他们能够顺利搬进干净舒适的新家。

官道口镇党委、镇政府则积极帮助搬迁群众解离乡之忧，提供牲畜寄养场所、为流转土地搭建平台、为适龄儿童就学提供政策保障，让群众放心搬迁。同时，将政府服务职能前移，集合 16 个便民服务部门和机构，为搬迁群众打造“便民服务一条街”……

截至 2018 年 9 月底，卢氏县 55 个安置点全面实现搬迁入住，3.38 万名贫困群众有了温暖的新家，提前一年完成“十三五”期间所有易地扶贫搬迁任务。

产业之坚，如何攻克？

为防止搬迁户“住着新房子，过着苦日子”，卢氏县将易地扶贫搬迁与落实产业扶贫结合起来，统筹盘活迁出区和安置区各种资源，实施产业扶贫，逐步解决“搬得出、稳得住、可发展、能致富、生活好”的后续发展问题。卢氏县在 55 个搬迁安置点建设产业基地 71 个，带动 2583 户 10539 人受益；建成扶贫车间 23 个，提供就业岗位 6026 个；建设光伏电站 8 个，使 502 户搬迁户稳定收益，实现了产业配套全覆盖。该县还将易地扶贫搬迁与“菌、药、果”等特色主导产业深度融合，采取贫困户入股分红、承包租赁、劳务就业等形式，通过龙头企业带动，为易地搬迁后续提供了强有力的产业支撑。

同时，该县把旅游扶贫作为产业扶贫的主攻方向，以主题景区为核心，以乡村旅游为引擎，着力推动旅游业与脱贫攻坚深度融合，形成景区与农户互促双赢的乡村旅游发展格局。

没有产业扶贫，搬迁的贫困群众就很难留下来。卢氏县兼顾搬迁与发展两个重点，通过抓产业发展，抓就业创业，使得贫困群众通过易地扶贫搬迁，不仅住上了好房子，还过上了好日子，逐步从根本上解决了搬迁贫困人口稳定脱贫和后续发展问题，探索出了一条易地扶贫搬迁与产业扶贫深度融合的“卢氏路径”。（张海军　文　聂金锋　图）

卢氏脱贫攻坚经验受到专家好评

为进一步弘扬老区精神，打赢打好脱贫攻坚战，7 月 29 日，由人民日报社、《中国经济周刊》杂志社主办的中国革命老区脱贫攻坚经验交流会在北京举行。来自中央部委的有关专家学者，以及全国有代表性的 6 个革命老区县主要负责人共同交流脱贫攻坚实践经验，探讨精准扶贫的可持续创新举措和发展路径。会上，卢氏县脱贫攻坚经验做法得到专家学者一致好评。

2017 年以来，按照省委、省政府要求，卢氏县积极创建河南省“金融扶贫示范区”，本着“政银联动、风险共担、多方参与、合作共赢”的理念，通过建设体系破障碍，引金融活水浇灌实体经济良田，取得了明显成效。截至今年 7 月 20 日，全县累计投放金融扶贫贷款 15.2 亿元，其中，金融扶贫小额信贷 14366 户 6.98 亿元，户贷率 43.65%。同时，撬动开发性政策性金融机构长期低息贷款 30 亿元，县域金融机构存贷比提升 12 个百分点。金融扶贫“卢氏模式”在全省复制，被国务院扶贫办向全国推广，为县域经济的发展和 2019 年年底高质量脱贫摘帽注入了强劲动力。

与会专家认为，金融扶贫“卢氏模式”产生了有效作用，风险可防可控，成功破解了金融扶贫信贷政策落地难的障碍，呈现出强劲的撬动、放大、外溢与聚合效应，值得借鉴学习和推广。（牛富江）

贫困劳动力转移就业卓有成效

卢氏县坚持以脱贫攻坚统揽工作大局，以促进有劳动能力贫困人口实现就业为目标，以落实扶贫政策为抓手，综合施策，精准发力，强化服务，主动作为，劳动力转移就业工作卓有成效。目前全县建档立卡贫困劳动力转移就业 36743 人，占贫困劳动力的 87.4%，其中至少有一人就业家庭 19651 户，占已脱贫贫困户的 96.4%。全县贫困家庭劳动力技能培训达到 16913 人次，占有劳动能力且有培训意愿的 113%。

搭建载体，拓宽就业渠道

卢氏县采取六个方面措施不断拓宽就业途径：一是劳务协作输出就业，结合卢氏实际，积极与郑州、苏州、无锡、滁州等地人社部门沟通对接，实施“市场化运作、技能化培训、组织化输出、一体化服务”劳动力转移模式，实现了 6300 余名贫困劳动力输出就业。二是发展产业吸纳就业，围绕“果、牧、菌、烟、药、菜”产业发展，培育引进 44 家龙头企业，创建新型农业经营主体 1439 个，吸纳劳动力就近就业 5385 人。三是中介组织介绍就业，充分发挥中介组织的岗位来源广、服务人员多、方式方法灵活、输出效率高等优点，引导中介组织积极参与转移就业，实现了 5600 余人转移就业。四是扶持创业带动就业，发挥金融扶贫和创业担保贷款等政策优势，大力扶持外出务工、经商成功人士及其他能人回乡创业或领办、创办农业专业合作社，扶持了 2100 人创业，带动贫困劳动力 7369 人实现就业。五是鼓励居家灵活就业，对不宜外出就业家庭，通过引进电子元件代加工及绢花、袜子包装等 20 余个项目，实现 3000 余名贫困劳动力居家灵活就业。六是公益岗位安置就业，紧盯困难群体实施政府兜底就业，通过开发转移就业联络员、护林抚育工、乡村保洁员、保安员、道路养护员等公益性岗位，安置了 5366 名就业困难的贫困劳动力实现兜底就业。

强化服务，助力转移就业

卢氏县组织开展了“春风行动”招聘会、民营企业招聘周、郑卢结对帮扶招聘会、乡村招聘会、郑卢结对帮扶技能培训宣传日活动、郑卢结对帮扶第二届招聘及创业项目推介会等公共就业专项服务活动 20 余次，组织用工企业与劳动力精准对接，帮扶劳动力实现精准就业。该县还积极引导符合条件人员申领补贴，今年以来办理求职就业补贴 108 人 3.24 万元，发放贫困户创业补贴 66 人 33 万元，发放贫困劳动力培训生活费补贴 4686 人 282 万元，为培训机构发放培训补贴 7417 人 519 万元，为贫困劳动力发放创业贷款 25 人 276 万元。（张海军　杨永恒）

官道口唱响绿色歌谣

盛夏时节，万物生长。走进卢氏县官道口绿色果品基地，漫山遍野绿意盎然。

官道口镇的车岭村、大岭村、寨上村、耿家庄村3500亩果品基地，2300亩苹果、1200亩梨，苗木旺盛、生机勃勃。该脱贫致富项目可带动当地农民务工1000余人，长期工300人，每年可增加当地农民工资性收入2880余万元。通过流转土地，增加项目区农民土地流转费用175万元。项目还可以持续带动产业融合发展，实现经济、社会、生态效益同步共赢。

三门峡二仙坡绿色果业有限公司位于三门峡市陕州区大营镇二仙坡，是一家集绿色（有机）果品生产、冷藏保鲜销售、脱毒组培育苗、科技培训示范带动及信息服务为一体的高科技民营企业，现有职工1400余人，其中中高级技术人员50余人，拥有土地使用面积30000余亩，已栽植各类果树面积11800余亩，其中苹果9000余亩；拥有豫西地区最大的2万吨果品冷藏保鲜库，是郑州商品交易所指定的河南省唯一苹果期货交割库；建设有果树脱毒组培育苗基地，年培育脱毒组培苹果优质苗木20余万株；并配套建设2.5万平方米高标准节能日光育苗温室、国家苹果产业技术体系三门峡培训中心等，是“国家农业产业化重点龙头企业”“河南省林业产业化重点龙头企业”“全国科普惠农兴村先进单位”“河南省水土保持先进典型”及“三门峡市市长质量奖”获奖单位。公司的果品基地全部推行《二仙坡绿色、有机果品标准化生产技术规程》，实现了果品基地的标准化、规范化管理，促进了果品基地的高效健康发展，是农业部和国家标准委指定建设的“国家标准果园”“国家绿色果品生产基地”“国家有机果品标准化示范基地”，是国家苹果产业技术体系指定的“国际专家定点指导示范园”、是河南省农业农村厅认定的“河南省农业标准化生产示范基地”。公司主要产品——“二仙坡”牌优质苹果，年总产9800余吨，以色泽鲜艳、含糖量高、酸甜可口、优质安全而著称，畅销全国二十余个省（市），深受消费者青睐。果品经农业部农产品质量检测中心和上海通标标准技术服务有限公司（SGS检测）等专业权威机构检测，203项农药和5项重金属均为“零残留”，是中国绿色食品协会审定的“绿色食品”和杭州万泰认证有限公司第三方检测审定的“有机产品”，获得了中国和欧盟“良好农业规范”（GAP）双认证。是“河南省名牌产品”、“河南省标准化农产品”，多次在国际农产品交易会上荣获“金奖”，被授予“中华名果”称号。“二仙坡”牌商标被省工商局评为“河南省著名商标”，被国家工商总局认定为中国“驰名商标”。

官道口镇政府为了进一步示范带动果品产业的高效健康发展，与二仙坡公司牵手在官道口镇流转土地，建立优质果品生产基地，充分利用官道口镇优越的自然条件和充裕的劳力资源，积极开展当地农村产业融合发展，进一步拓宽农民增收渠道，加快农民脱贫致富步伐，实现乡村振兴。

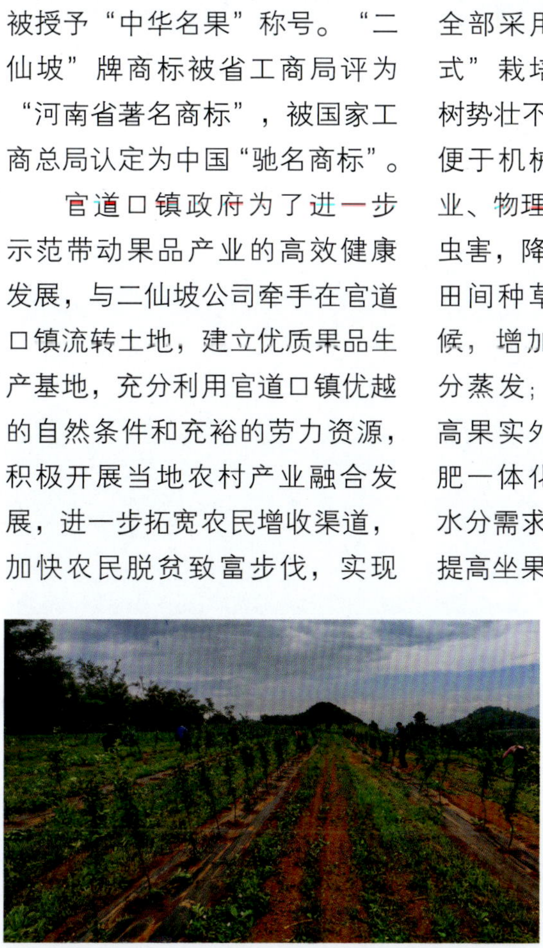

二仙坡果业公司官道口绿色（有机）果品基地苹果选用优质品种“烟富8”，梨选用日韩系优良品种“秋月梨”，在基地内全面推行《二仙坡绿色、有机果品标准化生产技术规程》，实行规模化生产、标准化管理、品牌化经营、融合化发展。全部增施生物有机肥，改善土壤理化性状和营养条件，提高果品产量、糖度、整齐度；全部采用当前最先进的“篱架式”栽培，通风透光效果好，树势壮不旺长，光效好品质优，便于机械化生产管理；采用农业、物理、生物方法综合防治病虫害，降低有害化学物质残留；田间种草覆草，调节园内小气候，增加土壤有机质，减少水分蒸发；全园套双层纸袋，提高果实外观品质；全部实行水肥一体化节水灌溉，满足果树水分需求；采取壁蜂授粉技术，提高坐果率；地面覆盖反光膜，增加果实着色；积极开发营养保健果品培育（开发SOD、富钙、富锌、富硒等功能果品）；实行无害化采摘、运输、包装、销售，确保果品安全健康。

二仙坡果业公司官道口绿色（有机）果品基地达产后，亩产优质苹果、梨可达4000公斤，年总产苹果1120万公斤、梨400万公斤，年总收入可达7600余万元，年纯收入2900余万元；年可招收当地农民务工1800人，其中正式工300人；每年可吸引10万果农、游客来此生态观光、学习，可进一步带动项目区农村产业的融合发展；并通过对周边农民的培训、指导、示范带动等，进一步带动周边乡村大规模发展果品标准化生产，促进当地果品产业的高效健康发展。项目建设对全面促进农民增收、带动大多数贫困户增加经济收入、加快脱贫致富步伐，实现乡村振兴具有积极意义。同时果品基地的建设可进一步减少项目区水土径流，大大减少水土流失，进一步提高当地的森林覆盖率，改善当地生态环境；并在生产经营活动中，坚持绿色（有机）果品生产技术操作规程，进一步培肥了地力，降低了农药、化肥残留，杜绝了因生产经营活动对周边环境的影响，使生态环境得到进一步改善，实现经济、社会、生态效益共赢。

（万军　文　徐欣　图）

小香菇撬动脱贫致富大产业

初夏晨曦，豫西崤山腹地的杜荆河谷充盈着丰收的气氛。河南信念集团卢氏县杜关镇扶贫产业基地内，贫困户张宝生组织20多名乡邻帮忙采收香菇、挑拣分级、过磅销售。忙着收购的基地负责人张金平说：“5月20日，张宝生的57、58号两个香菇棚缴售了5600多斤，均价6.5元，今天还会有更多。”张金生脸上难掩喜悦：“我这两年才开始发展香菇，今年估计能挣10万元。”

三门峡市政协副主席、卢氏县委书记王清华介绍，卢氏从2017年引进河南信念集团、河南金海生物科技有限公司两家香菇龙头企业，带动传统香菇

产业升级换代迅猛发展，去年全县1.8亿棒香菇实现产值26亿元。香菇这个头号支柱产业将为全县脱贫摘帽奠定增收基础，并将在乡村振兴中发挥大作用。

龙头带动新模式

卢氏山大林密，地域辽阔，全县4004平方千米国土面积，是河南省面积最大、贫困发生率最高的深山区县。脱贫攻坚产业发展是关键，卢氏代料香菇生产覆盖面广、历史长，特别是县域南部长江流域，几乎家家户户都在搞。但是，小农生产规模受限，自产自销效益不高，因此，尽管发展香菇几十年，群众依然贫困。脱贫攻坚战打响以后，卢氏县逐渐找到了方法——引进龙头企业，发挥龙头企业带动、组织作用，推动香菇产业规模化生产经营。

自引进河南信念集团、河南金海生物两家企业后，卢氏县开始推行“龙头企业＋生产基地＋合作社＋农户”生产经营模式。仅河南信念集团，就成立了187个合作社，在全县17个乡镇50多个村建起了生产基地，直接带动3500户农户发展香菇生产，走上脱贫致富之路。建设发展最晚的徐家湾乡香菇扶贫产业基地的42个香菇大棚，由42户群众承包，其中41户是贫困户。2018年7月投入生产，半年总收入345.3万元，扣除菌棒成本、各种费用和公司分成，将近半年时间，农户的每棚香菇平均纯收入24578元，和以前相比，时间缩短一半，收益实现翻番。

技术驱动高水平

全自动生产线上，香菇菌棒接连不断生产输送出来，5条生产线年产量是3000万棒，有能够存放8万棒的养菌大车间14个。出菇基地40个大棚新出的香菇，密密匝匝、探头探脑，煞是喜人。这是记者日前在卢氏县涧北村食用菌产业园看到的景象。

河南信念集团投资2.8亿元建成的涧北村食用菌产业园占地300亩，2007年12月投产以来，实现全年生产，其生产规模、技术水平在全国领先。这样的产业园，河南信念集团在卢氏还建成投产了3个。河南金海生物科技有限公司在技术研发、菌棒生产、养菌、出菇等各个环节，同样具有较高水准。

河南信念集团董事长叶传林秉承把中国农业做成世界典范的信念，把走出国门在日本、

韩国从事香菇生产多年的苏新华、李红宁等一大批顶尖人才请到卢氏，选育香菇品种，推进全自动菌棒生产和一流的养菌技术，通过控制温度、湿度，推行全年出菇、四季上市和80%以上花菇产出率的创新技术，并把香菇由传统的3个等级细分为16个等级，建立了香菇生产的规范技术体系，实现了工业化、标准化生产，群众只需要按时为菌棚通风、为菌棒注水，把香菇从菌棒上采摘下来，就能获得好收益，这为卢氏香菇产业标准化、大规模生产破解了瓶颈。

依托河南信念集团的技术和管理，潘河乡在清河村、上川村两个村建设香菇“菌廊”，规划500个香菇大棚，已建成投产260个。传统代料香菇生产，一个劳动力最多管理5000棒，而现在非常省时省工。上川村46岁的贫困户李武生去年下半年承包了3个大棚，纯收入7万多元，今年的4个大棚连续20多天每天采摘2000多斤，他告诉记者，“今年说啥也能净落15万元”！

市场联动好收益

“以前卖干菇，山区群众只能坐等香菇商贩上门收购，现在有了这两家龙头企业，鲜菇直接通过冷链物流车运走销售，刚采摘的白花菇一斤就能卖9.5元。”卢氏县传统代料香菇生产大乡瓦窑沟乡政府会计高长军说，五斤鲜菇通过晾晒或烘烤加工成一斤干品，卖鲜菇明显省工、收益高。

卢氏县能做到卖鲜菇，在于规模化生产、产业化经营和品牌效应，实现了县内生产和国内、国际市场联动。“我们每天有30多辆冷链物流车发往郑州、西安等大城市，一天销售额达100万元。”河南信念集团副总经理李红宁指着当日16个等级的香菇牌价说：“菇农当天采摘的香菇，直接挑拣分级，价格公开透明，在各个生产基地现场缴售，每筐香菇都有二维码，不仅实现了产品质量可追溯，而且等级、数量可以即时传输到公司，统一调运、即产即销。”除此之外，卢氏县内9家香菇出口企业，年出口香菇货值超过10亿元。

朵大肉厚、品相清秀、香气浓郁，2018年12月，产自卢氏县的河南信念集团“有盼头”香菇获得第十九届中国绿色食品博览会金奖。同时，卢氏县制定香菇质量标准，统一注册线上销售“原本卢氏”品牌，以香菇为代表的电子商务年销售额超过3亿元。

金融促进后劲足

省时省工，生产周期4个月，能连出3茬菇；不愁销路，即产即销，现场缴售；收益可观，一个菇棚有1万个菌棒，4个月纯收入达两三万元，一年有两个半周期，纯收入5到6万元不成问题。这么好的产业，投入也不算小，河南信念集团的涧北菌棒厂，大批量购买的生产主料木屑，每吨均价为590元，一年采购量22万吨。目前，这个厂提供给贫困户的菌棒价格是4.8元，一户发展一棚1万棒菌棒成本需要近5万元。

唯有资金活水浇灌，香菇产业才能遍地开花、户户飘香。卢氏县金融扶贫在这中间发挥了重要作用。截至今年4月底，卢氏县累计为农户、合作社和扶贫企业投放扶贫贷款14.79亿元，其中小额扶贫贷款13681户6.67亿元，这些资金有三分之一以上都用于发展香菇产业，充分发挥了聚合、撬动、放大、外溢效应。今年，卢氏县3.8万户农户发展代料香菇2.1亿棒，卢氏大地上香菇大棚鳞次栉比，处处菇香飘荡，10万菇农充满希望地劳作，收获生活的芳香。

卢氏香菇产业迅猛发展，群众脱贫步伐加速，截至2018年年底，全县贫困发生率已降至3.41%。日前，卢氏县下发了进一步支持香菇生产的意见，获得国家开发银行对菇棚建设、菌棒生产等环节的全面扶持。如今，已获得“全国香菇生产先进县”称号的卢氏县，朵朵香菇如花儿怒放，开在青山碧水间，开在脱贫致富、乡村振兴的小康路上。（张海军）

产业连市场　扶贫“插翅膀”

——卢氏探索电商精准扶贫之路

卢氏县东明镇31岁女青年吕晴和偏瘫10余年的老父亲相依为命，生活艰难。两年来，她经营电商，越做越火，不仅早早甩掉了贫困帽子，日前还被县妇联会授予“最美创业女性”光荣称号。和吕晴一样，全县已有3600余名贫困人员通过经营电商脱贫致富。

卢氏县按照借力电商闯新路、精准施策促脱贫，初步探索出了一条电商精准扶贫之路。近3年来，全县共发展电商应用企业和合作社62家、个体网店1220个、电商实体企业82个，通过电商带动55个贫困村3600余名贫困人员就业，全县电子商务交易额达7.9亿元，其中2017年电子商务交易额3亿元、销售额1.5亿元。

集聚合力，融入脱贫。卢氏县组建了电子商务服务中心，开办了卢氏电视台电商频道，建成了总面积2.2万平方米的卢氏县大众电商创业园一期、二期工程，开设阿里巴巴、京东、云书网、我惠集团、美团外卖5家县级服务中心，入驻企业52家，从业人员650人；在5个乡镇建立了乡级电商公共服务中心，在55个扶贫开发重点村中建立了服务站；将电商企业列入全县信用评价体系，拓宽信用范围，进一步健全完善四大体系，使电商企业享受到金融扶贫政策红利，助推电商发展。目前，全县已有11家电商企业申请贴息金融扶贫贷款，现已投放600万元；共有22个农村淘宝村级服务站开通“旺农贷”业务，为贫困人员创业提供资金保障。

做好培训，转移脱贫。卢氏县在全县19个乡镇开展“党支部+电商”培训、电商精准扶贫入村培训、电子商务基础培训、电商精准扶贫技能提升培训，推动电商进村、入户、到人，激发农民创业新活力，助力精准

脱贫；对于精准识别在册贫困户，每人每月补助500元生活费，帮助其建立网店，发展线上交易，带动贫困人员创业就业；针对河南申通实业公司郑州航空港、开发区等急需大批物流快递用工及电商企业需要客服、美工、运营人才等，开展10期400余人的电商定向安置培训班。此外，该县在4个示范乡镇、2个示范村投资50余万元，建成6个电商扶贫创业培训中心，培训下移基层，解决了乡村学员吃住不便的后顾之忧。

培优企业，精准带贫。卢氏县在62家电商应用企业和合作社实施带贫模式，成功培育孵化出了以九拙堂、庄正艾草、乐农生态、莘丰农牧科技及昊昱电子商务公司等一批新兴电商龙头企业，带动了全县特色农产品生产加工和生态畜牧养殖产业发展，拓宽了贫困人员的就业增收渠道，帮助2500余人实现就业，助推了全县脱贫攻坚工作。该县香盛轩核桃专业合作社已通过省级电商示范企业认定，7家企业通过省电子商务企业认定，10余家企业正在认定中。

加快上行，致力脱贫。卢氏县先后与杭州常春藤实业公司、甲骨文科技公司、中战环球公司、河南云联乡村科技网络公司等电商运营企业合作，重点打造“原本卢氏”县域公共品牌，

建成了卢氏特色馆、大数据中心、农特产品分拣包装中心和郑州东站卢氏农特产品电商扶贫展销窗口，建成了京东线上特色馆。该县还在郑州30个社区的1000台方欣智能无人售货柜投放“原本卢氏”旗下的卢氏香菇、蜂蜜、黑木耳等农特产品，助推农产品上行，已创出“小鹿回家”“山海食经”“卢氏山珍”等30多个特色品牌。

创新模式，拉动脱贫。卢氏县积极探索“党建+电商+扶贫”新模式。在4个乡镇23个行政村建立了乡镇服务中心和村级服务站，成立电商党组织，在电商技术骨干引导下，依托各个电商平台，拓展扶贫领域，强化示范引领，开展对现有农产品上行销售，快速促进贫困户增收，初步探索出“党建+电商+扶贫”新模式。同时，创新“电商+外派劳务服务平台+扶贫”新模式，在电商创业园建起了外派劳务服务窗口，使贫困户通过外派劳务服务平台，出国就业稳定增收。（张海军 任伟）

旅游扶贫事业旺 乡村振兴天地宽

夏日的七月，骄阳似火。到处是一片炎热气象。俗话说热在中伏，我们中午时分从三门峡出发，一路穿过热幕，到达卢氏县官道口豫西百草园里，轻风拂面，顿时感觉有几分清凉。百草园鲜花盛开，民居移步换景，处处给人以美的享受，好像一下进入了人间仙境。

此时，正好有两辆旅游大巴车开到了豫西百草园门口。车上的人们兴高采烈、争先恐后涌下车来。游客们迫不及待地走进百草园里，看到了原生态的美景，大家非常兴奋，大呼小叫、叽叽喳喳，不住赞叹。在百花园地、在改造后的老院子里，前呼后应，尽情游玩嬉戏。一边走一边看一边拍照，有的摆着各种姿态留影，有的不停地发朋友圈。听口音，他们是来自附近几个省份的游客，有的从大峡谷刚漂流过来，有的是专程来的。一时间百草园里热闹非凡。

一

调研三门峡市脱贫攻坚工作时，市有关领导推荐说这几年三门峡旅游扶贫方面做了很多工作，取得了很大成绩，建议关注一下。7 月 28 日，到三门峡市文化广电和旅游局采访时，局主管领导及和部门的同志介绍说，正好今天国家公布全国首批乡村旅游重点村名单。河南省有十家，卢氏县新坪村榜上有名。他们热心推荐卢氏新坪村，希望能去到实地看一看情况，真正了解到这个村的变化。

我们从三门峡出发，一路上看到的是公路宽敞整洁，沿路两边各种鲜花争奇斗艳，抬头望，一座座青山环绕，美丽壮观。一个多小时车程，到达官道口新坪村。在新坪村党支部书记鲁彦玲的带领下，我们一行先到前几天召开全国乡村旅游（民宿）现场会的秘境·山水隐庐参观。

豫西百草园与国家AAAA景区豫西大峡谷相邻，是集中草药种植加工、民俗文化体验和生态休闲观光为一体的旅游项目。2015年投资建设，现在由三门峡百草园农业科技有限公司管理。7月19日河南省文化和旅游厅、河南省扶贫办、三门峡市政府主办，三门峡市文化广电和旅游局等单位承办的“全省民宿建设助推脱贫攻坚观摩会暨三门峡市2019休闲度假乡村旅游启动仪式”在这里举办。专家、领导都认为这里有山有水，空气新鲜，非常有旅游前景，近年来吸引了不少周边省市的人们到这来观光旅游，使这里的山水村落在宁静祥和中增添了几分热闹和红火。

负责民宿管理的蒯乃辉经理告诉大家：民宿度假村共有20多个院子，36间客房，70个床位。有接待中心、会议中心、餐饮中心、写生基地、孔雀园林、民国漫咖、渔民耕读等旅游度假配套设施。课桌式会场可同时容纳300余人，每个院子名字也都是按时间季节来命名的，如采薇、宛丘、甘棠、湛露等，别具风格，不同的特色能够使人眼前一亮。正在建设的秘境·山水隐庐微度假综合体7月8日开始试运行。

二

新坪村为国家级扶贫建档立卡村，同时也是河南省旅游扶贫开发重点村，土地面积2200亩，辖10个居民组，293户、1304人，在册贫困户75户260人，散居在12平方公里的沟沟岔岔中，因当地农户多以种田为生，每年并无更多经济来源，属于典型的深山区贫困村。以前村民主要依靠几亩山地薄田，种植玉米、烟叶、小麦等农作

物为生，因全村多为山坡农田，无法使用现代化灌溉、耕种工具，生产方式只能依靠人工劳作，遇到风调雨顺的年头，每亩小麦产量也只有几百斤，若遇到长时间干旱无雨，粮食产量会骤减一半，抗拒自然灾害能力弱，完全是靠天吃饭，贫困户缺油少盐，生活清苦。

鲁支书边走边讲，还指着花草路边的一个院子说，这个院子就是他家的房子。他在这里出生，已经在这里住了50多年了。原来想着山沟里的老房子，老院子、土坯房没有什么用场了，谁知道现在一改修变成了旅游景点。我们每年都还能拿上分红钱，村里的老百姓都可高兴了。

这些经过改造后的民居老房子，门前装点得别致美观。刚开始村民意见不一致，有阻力。通过做工作讲道理，村民很快就认识到了这是个好的趋势。村民的增收渠道拓宽了，第一项收入是土地租赁收入：以河沟组为例：现有村民 28 户，96 口人，共流转土地 350 余亩，户均 13 亩，按目前每亩 450 元计算，每户土地流转收入将达到 5850 元；第二项收入是中耕除草施肥等劳动收入：不再种地的农民返聘到景区当起了职业农民工，按生产计划出工劳作。栽植中草药、果树招用村民 50 余人，仅 2016 年 3 月一 4 月，支付河沟栽植费用 83296. 7 元，支付北坪组栽植费 57017 元，其他清淤、临时任务等支付工资 194415 元。2016 年 4 月一 9 月田间中耕除草招用村民 23 人，每人月工资 1500 元，每人年收入 9000 元，支付中耕除草 207000 元；第三项收入是工程建设：景区建设初期，修路、游客中心建设、旧民居改造等基础设施建设使用当地村民，修路、旧房改造、下水管道、垒坝等工程，村里的劳力和三轮车满负荷运转，近两年的建设给村民带来几十万元的收入，有劳力的每户几万元实实在在的收入。第四项预期股金收入：河沟组群众以宅基地入股（占股 25%）的形式和百草园紧密联系在一起，为村民再添一份预期收入。景区一次性现金支付村民各种危房款 48 万余元，盘活了村民几乎没有价值的资产，村民手头的现金流转也宽松了。实现了村民租赁土地有“租金”、参加除草管理有“薪金”、房屋入股有“股金”的三金收入。附近村子很多村民 2016 年栽植玉米和烟叶收入普遍下降之时，河沟组的群众在土地流转后综

合收入比往年收入明显增加。

副总经理韩向征介绍说，景区的开发建设给新坪村河沟组、北坪组、南坪组、寺上组村民带来了巨大利好。河沟村28个民居院子全部进行修旧如旧改造，开设养生茶坊、乡村老物件淘宝屋、洒坊、磨坊、豆腐坊、做到“一院一品”，打造以“年代故事”为主题的民俗园，让游客回忆童年趣事，体验劳动的乐趣。村内及景区内也按照自然地形修建了环形游览线路。园区内游步道采用生态或仿生态的设计手法，修建了具有园区独特风格的仿木步道、青石路、石子路等。百草园开发项目在促进旅游大发展的同时，更促进了当地的劳动就业。

随着旅游项目的蓬勃发展，世代闭塞的山乡如今处处涌动着发展活力。2016年10月26日《三门峡日报》大篇幅刊登了《特色农业添彩旅游元素 富民为先促进景区增收村企共兴跨越发展》之后，2016年11月8日《河南日报》“智慧三农”版块又以“跳出峡谷的山乡”为题，详细报道了景区开发带动官道口镇新坪村脱贫致富的先进典型。

三

百草园农业公司立足卢氏“天然药库”的资源优势，采取公司（三门峡百草园农业科技有限公司）+农户（国家级贫困户）+种植基地的方式，实现“土地集约化、农民职业化；种植特色化；销售网络化”运作，努力把项目区建设成为环境优美、设施先进，集生态种植、休闲观光、中药养生、民俗体验、旅游度假于一体的中医药生态园区。

项目已经完成投资3800万元。按照规划，先后流转新坪村河沟组、北坪组土地1000余亩，栽植油用牡丹、芍药、金银花、连翘、葛根、桔梗、皂角等十余个品种，打造了中药材核心观赏区、薰衣草观赏区、紫薇园观赏区、24节气观赏区、鲁冰花观赏区，栽植大樱桃、苹果、山楂、李子、软籽石榴、黄梨、冬枣等果树和欧洲红栎、七叶树、美国红枫等彩叶观赏树。形成了四季飘香的百果园和彩叶观赏区，大地景观效果颇为壮观。基础设施建设正在稳步推进。投资完成了景观大门和3000平米的游客中心及文化

源，吸纳村民成立百果园合作社，流转土地500多亩，引入外来资金，进行专业规划发展百果园项目，栽种大樱桃、桃树、杏树等20多个品种的乡土特色果树数千棵，以采摘观光园的形式运营，同时利用旧院落，发展乡土味道浓郁的农家乐餐饮。围绕旅游发展的思路非常清晰，效果也越来越显著。不仅解决了当地剩余劳动力，增加社会就业，而且加快当地群众的脱贫增收的步伐，促进产业升级和当地经济的发展，实现项目扶贫，精准扶贫和可持续发展。

广场、停车场、景观墙、静心湖等。完成了通往景区的3.164公里旅游观光和生产道路建设，枕木步行栈道1200米建设，环线联通各主要草药区与主要景观观赏区。完成了355米深水灌溉井一口，引水管线2000米，500方灌溉水池1座，400千伏的变压器一座。

景区建设不仅为景区树立了良好的旅游目的地形象，而且还可以利用旅游业的辐射带动作用，引导当地居民参与旅游开发。新坪村建设了北坪停车场、寺上小区附近村民发展农家乐。目前农家乐已经开办5户，很多农家也都在筹备建设。土蜂养殖园在景区内一次性投入蜂箱500余个，采取“公司+农户”的模式。新坪村每个贫困户每年都有一定收益，也是景区建设起的作用。南坪组受景区建设启发，也利用十里沟的优良资

从长远发展看，旅游对不同类型文化素质的劳动力都有需求，就业方式灵活，直接从业人员包括景区建设期间建筑工人，经营期间需要有管理人员、导游、售票员、环卫工人等，间接从业人员，宾馆、旅行社、交通、邮电、电力、购物等设施配套服务，需要大量的从业人员来支撑工作；百草园进入运营后，乡村美食、卫生保洁等将使用大量农村妇女，也可带动区内及周边的农家餐饮、住宿、购物、交通运输、种植和养殖等的发展，预计可以解决数百人的就业问题。同时还将带动209国道至景区沿线的寨上村、杨庄村、耿家庄、耿家村、金架沟、庄科等村域农户发展种植中草药10000亩，容纳就业2000人，从而实现综合收入3亿元。

随着企业持续扩大规模，新坪村中草药特色产业与生态旅游结合起来，拉长产业链条，发挥企业带动作用，形成产业扶贫辐射效应，带动农民增收的模式探索，一定能促进山区农民尽快脱贫增收，实现“富民又富企”的双赢发展。新坪也将由有名的贫穷落后村，蜕变为美丽富饶的小康村。

四

改革开放以来，中国的经济一直高速发展，经济发展让人民富裕起来；旅游业也取得了良好的发展成就。

旅游业的发展对地方来说是经济发展的突破口，也是有利

于民生的良好大计。旅游扶贫是一些自然和人文资源相对丰富或独特的山区扶贫工作的突破口，即依托当地旅游资源优势，通过开发旅游项目，带动贫困山区的脱贫。由于旅游业的种种特性，旅游业日益成为消除地区贫困的有效途径。

旅游业是劳动密集型产业，对劳动力有很强的吸附能力。旅游业关联度很高，除了建设基础设施可以吸纳劳动力促进就业，还会为游客提供“食、住、行、购物、娱乐”等服务，直接或间接地带动地区第三产业的发展。世界旅游组织的数据显示，旅游业每收入1元就会给当地的国民经济带来4.3元的增值效益。地方旅游业的发展不仅可以提高当地人均收入，还可以提高地方财政的增长。旅游业的发展所带来的价值，还可以改变人们的观念，提高当地群众的文化修养和基本素质。

卢氏县官道口镇人大主任李世清说：省、市、县等领导都非常重视官道口乡以旅游带动乡村振兴，带动百姓脱贫致富是非常好的模式，可以推广发展。通过发展乡村旅游，全县共提升改造3个4A级景区（双龙湾、豫西大峡谷、豫西百草园），创建1个省级旅游度假区（双龙湾），培育2个省级乡村旅游特色村，推出10条乡村旅游精品线路，建成休闲农业和乡村旅游点107个、休闲农庄与园区57个，2017年成功创建“全国休闲农业和乡村旅游示范县”，2018年被评为“全国百佳深呼吸小城十佳示范县”。听说未来5年，中国农行将向全国旅游重点村提供1000亿元意向性信用额度。新坪村的人们都高兴得奔走相告。

卢氏县官道口乡新坪村，可以看作是三门峡市旅游扶贫、乡村振兴方面的一个缩影。

三门峡市文化广电和旅游局有关领导介绍，2017年以来三门峡每年一个主题，连续举办了乡村康养游、古村风情游等乡村旅游主题活动，在丰富旅游产品、文化旅游精准扶贫中发挥了积极的引领作用。2019年，三门峡乡村旅游以自然山水景区为依托，突出休闲度假乡村主题，推出了伏牛山养生度假游、秦岭凉爽避暑游、仰韶休闲体验游、城郊田园慢活游等四条乡村旅游线路，引领游客领略壮美的黄河、茂密的山林、深幽的峡谷、澄澈的清溪，走进流动的山水画卷，让更多百姓感受春雨入土的滋养，让游客喜看美丽乡村的变化。2019年上半年全市接待海内外游客2597万人次，同比增长17.7%；其中乡村旅游接待游客数量达到735万人次。

脱贫攻坚、乡村振兴，旅游是一条康庄大道。（记者　梅淑娥　万军）

卢氏县国土绿化建设生态文明的创新实践

青山绿水绘出幸福画卷

初夏时节，林木繁茂，生机勃发。行走在中原林业第一县——卢氏县黄河长江分水岭南北两麓，青山碧水，蓝天白云，随山势起伏、一望无际的是葱郁的林海。适逢中国·卢氏槐花节开幕不久，空气中依然弥漫着丝丝香甜气息，再喝上一杯刚获得新资源食品认证的卢氏特产连翘茶，更是沁人心脾，让人陶醉。

卢氏是河南省面积最大、平均海拔最高、人口密度最小的深山区县，素有“八山一水一分田”之称。全县4004平方公里国土面积，林业用地面积有455万亩，森林覆盖率已达69.34%。生态是卢氏的优势所在、发展根基和潜力源泉，绿色是卢氏的底色、本色和亮色。三门峡市政协副主席、卢氏县委书记王清华说：“全面深入学习领会习近平生态文明思想，贯彻落实新发展理念，实现卢氏生态立县、‘三生融合（生产发展、生活富裕、生态良好）’目标，助力打赢打好脱贫攻坚战，推动县域经济持续健康快速高质量发展，是我们一直探索实践的根本课题。”

生态立县绿化当先 好生态惠及京津豫

卢氏县境内矗立着4037座

山峰，流淌着2400多条河流涧溪，山高水长、林多人稀。卢氏县委、县政府立足实际，探索发展规律，确立了“生态立县”发展战略。一张蓝图绘到底，一届接着一届干，在实践中完善、在持续中提升，卢氏县十二届县委进一步确立了“生态立县、‘三生融合’”发展战略，把生产发展、生活富裕、生态良好紧密融合，深化了“三生融合”的内涵和外延。

卢氏县森林面积占河南省的近十分之一，但是存在着林种不佳、经济林占比不高、用材林品种不好等结构质量问题。立足林业生态基础，着眼整体发展，卢氏县把国土绿化作为民生改善、高质量发展和形象提升的根本路径。2017年以来，卢氏县抓住脱贫攻坚、乡村振兴政策机遇，整合财政资金，持续释放潜力，三年来累计投入财政资金66.67亿元，完成林业生态建设59.72万亩，森林抚育44.11万亩，投资4.9亿元的国储林项目一期工程正式落地实施。

多年来，卢氏县森林覆盖率持续攀升，已超过70%，南部长江流域山区超过90%，被誉为“河南绿宝石”“中原后花园”。县内过去干涸的部分河流涧溪再现清波，有着“中原水塔”美誉的卢氏县，县域南部老灌河、淇河每年为南水北调供水2.9亿立方米，在河南省16个水源地中为第二大汇水面积县（市）；中部洛河成为洛阳城市水源地，北部杜荆河则为三门峡市提供生活用水。2018年卢氏空气质量达标率82.3%，高于全省平均水平20个百分点，获“百佳深呼吸小城十佳示范城市”“‘中国天然氧吧’创建地区”等荣誉称号。

作为国家重点生态功能区，卢氏县强化涵养生态的责任担当，牢固树立和践行“绿水青山就是金山银山”的理念。2019年春，卢氏县大打国土绿化全民战，高标准实施国土绿化“五廊四园三区两带一核”的“54321”工程，五年内将要完成营造林174.8万亩，主要廊道绿化4.73万亩310.26公里，今年已完成三淅高速、郑卢高速、国道、县乡村道、景区旅游道路沿线“五廊”绿化1万余亩87.9公里；加快县城南山北岭森林公园、洛神市民休闲公园、石龙城市绿地公园、洛河水生态公园“四园”建设步伐；采取人工造林、飞播造林和封山育林相结合的

办法，见缝插绿，提升生态功能保护区、困难地造林区、生态修复区“三区”林业生态建设水平，所有荒山全部绿化；在县内崤山、熊耳山建设两条总长30公里的林果产业绿化带；通过拆违植绿、拆墙透绿、见空补绿、墙体屋顶绿化，实现全县居民庭院花园全覆盖“一核”建设。

核桃连翘双百万亩 经济林飘香脱贫路

思路一变天地宽，卢氏发展劣势在山，优势也在山。卢氏县是“中国核桃之乡”，核桃产量全省第一、全国第四。中药材连翘产量更是占到全国总量的四分之一，卢氏连翘被列为全国原产地保护品种。山多地少、耕地瘠薄，贫困发生率高居河南省深度贫困县之首的卢氏县，因地制宜发展产业，把核桃、连翘作为脱贫致富的主导产业，实现了林业生态效益和经济效益双赢。

2016年，卢氏县出台政策，全县贫困群众发展核桃、连翘，除苗木免费提供外，每亩地再补助90元。三年来，卢氏县成立了20余家核桃苗木专业合作社，新发展核桃21万亩，全县核桃基地已经达到100个，面积超过100万亩，全县从事核桃产业6.8万户27.1万人，惠及贫困户8504户2.21万人，全县农民人均收入中来自核桃产业1241元。卢氏县还扩大核桃仁出口，建立核桃油精深加工产业园，拉长核桃产业链，实施百万亩核桃提质增效。

同时，卢氏县引进、建设了乐氏同仁等4家中药材加工龙头企业；成立了20多个连翘生产专业合作社，创办了连翘茶厂，打造出5个万亩和34个千亩连翘产业基地，全县人工栽植连翘29万亩，抚育野生连翘40万亩，野生连翘资源利用总面积达到100万亩。全县现已发展连翘专业村50余个，带动6000余户2.3万贫困人口增加收入。双龙湾镇东虎岭村种植连翘1.4万亩，连翘花开满山染金，赏花游客人流如织，由此兴起30多家农家乐，由种植连翘到发展观光农业，卢氏县已有10多个村走上了致富路。

荒山染翠，大地流芳，核桃、连翘经济效益迅速增加，到2018年年底，卢氏县贫困发生率已由18.9%降为3.41%，被评为“全国造林绿化先进县”“全国林下经济发展示范县”。

“三生融合”绿色发展 幸福感提升加速度

卢氏县创新林业生态建设机制，积极推进公司造林、大户造林、合作造林，采取土地流转、土地入股、土地托管等形式，实现了林业产业规模发展、集约经营。卢氏县天一公司垫资建设了万亩杜仲基地，献民林业公司投资建设了万亩核桃基地，卢林合作社投资1000万元打造核桃科技示范园区，造林大户张卢峰流转土地2000亩建设核桃主题公园。

良好的生态环境加速了卢氏绿色产业发展。卢氏县绿色、有机、无公害和原产地认证农产品达43个，成为河南省最多的县（市），果、牧、烟、菌、药、菜等六大农业特色产业蓬勃发展，2018年仅香菇产业产值就突破20亿元。以农副产品和中药材精深加工为主的特色工业体系逐渐形成，全县培育规模以上龙头工业企业44家，带动县域经济持续快速发展。

生态产业化、产业生态化、生活品质化，绿水青山正逐渐变成金山银山，全县建成4A级景区3个，打造出10条乡村旅游精品线路，建成26个乡村旅游示范村，成功创建成为全国休闲农业与乡村旅游示范县和全域旅游示范县。2018年全县接待游客410万人次，旅游业总收入达19.78亿元。

绿水青山、宜居宜业宜游“三宜一体”的美丽卢氏魅力显现，群众脱贫致富、生态由绿变美逐渐合二为一、有机统一。昔日贫困的山区林区，如今“三生融合”欣欣向荣，群众幸福感正加速提升。（卢宣）

卢氏完成交通扶贫历史任务

历史必将记住这一天。2019 年 9 月 28 日，伴随着嘹亮的汽笛和明亮的车灯，承载上万吨的火车沿着世界上一次性建成、开通运营的浩吉铁路开进了豫西深山区卢氏县。

脱贫攻坚演变历史时空，卢氏昔日“四塞之邑”，如今四通八达。浩吉铁路纵贯县境南北，呼北高速、郑卢高速交汇，卢(氏)栾(川)高速建设全面铺开，卢氏至陕西洛南高速建设前期强力推进。

俯瞰卢氏山河，犹如彩练当空舞，一条条柏油路、水泥路穿山越岭，通向大山深处，通到山乡村寨，一直通到了贫困群众的家门口。云端高路如条条玉带，连起扶贫产业、连起美好生活，成了群众脱贫增收的通途大道，成了脱贫攻坚战中最美的风景。

2016 年以来，卢氏县累计 20.1 亿元，完成道路建设 2015 公里，其中县乡道 305 公里、

村道 385 公里、自然村道 1325 公里，桥梁 4771.4 延米。卢氏实现了全县 352 个行政村全部通硬化路、通客车目标，同时 2928 个自然村全部实现通硬化路，建成 55 个易地搬迁安置点的连接通道。截至 2019 年 9 月底，卢氏县全面完成“十三五”交通扶贫任务和新增的“通村达组”项目建设，发挥了先行、支撑、带动全县整体脱贫攻坚的巨大作用。河南省交通扶贫现场会在卢氏召开，着重推广了该县苦干实干、实现巨变的经验。交通部来豫调研座谈会上，卢氏作了典型发言。

主动作为，坚持“三个先行”

卢氏是国家级贫困县、秦巴山集中连片特困地区扶贫开发工作重点县、河南省“三山一滩”扶贫开发工作重点县，也是河南省面积最大、平均海拔最高、人口密度最小、贫困发生率最高的深度贫困县、深山区县。古县志记载“卢氏乃四塞之邑，处万山丛中，不通孔道”。到 2015 年年底，卢氏全县仍然有 4 个乡不通干线公路，231 个行政村不通四级路，1893 个 20 户以上的自然村不通硬化路，134 个行政村不通班车，是河南省交通脱贫建设任务最重、建设难度最大的县。在大打脱贫攻坚战的历史洪流中，卢氏县主动作为，坚持“三个先行”，拉开史无前例的交通扶贫大会战。

超前谋划，规划先行。2016 年年初，在省、市交通运输主管部门的支持帮助下，卢氏县历经两个多月实地调查，以“广覆盖、深通达、提品质”“内通外联、通村畅乡、安全便捷”“所有行政村通四级公路、通班车，自然村通硬化路”“交通发展进入全省先进水平”为目标，按照统筹谋划、整村推进、一步到位和规划到项目、到年度的原则，高起点编制了交通运输脱贫规划。

压实责任，制度先行。针对交通脱贫项目小而多、覆盖广、履行程序成本高和建设难度大的特点，卢氏县政府先后出台《卢氏县交通运输脱贫项目管理办法》《卢氏县优化交通运输脱贫项目实施环境若干意见》等规范性文件，进一步明确乡镇政府和县直有关单位的职责，优化相关建设程序，成立交通运输脱贫项目建设指挥部，统一指挥，协调解决重大问题。同时，县委、县政府将交通运输脱贫攻坚和项目建设工作纳入交通部门和乡镇政府目标管理，层层分解任务、传导压力，为交通运输脱贫项目规范实施、高效建设提供了强有力的政策和环境保障。

不等不靠，建设先行。卢氏县对交通运输脱贫项目进行了提前安排实施。县政府及时召开规划实施动员大会，明确提出大干三年攻坚任务。在项目实施中，县督查局也将交通运输脱贫项目建设纳入重点督查范围，每半个月巡回督导一次，增强了相关部门和干部的紧迫感、压力感，强力推动项目实施进度。

创新理念，破解“三个瓶颈”

山区道路建设投资大，卢氏县积极争取政策性贷款，破解资金瓶颈。卢氏县“十三五”农村公路交通脱贫规划项目总投资达 21 亿余元，中央和省补助只有 11.9 亿元，资金缺口近 10 亿元。为破解资金难题，卢氏县组织专门力量，多方努力与省农发行达成协议，在全省首笔争取了 12 亿元的政策性扶贫过桥循环贷款。卢氏县还与国开行达成持续支持意向，利用整村推进扶贫项目，贷款 1.17 亿元用于农村公路建设。为确保用好这些资金，县农发行、县财政局、县交通局、县交投公司等部门共同签订项目资金监管四方协议，明确各自的责任和义务，确定归还贷款的渠道和办法，对款项实行专户储存、专款专用、封闭管理，有力地支持了项目的提前实施。

积极学习先进经验，破解管理瓶颈。为解决技术力量不足、管理方法守旧的难题，保证项目建设质量和进度，卢氏县在省、市交通运输主管部门的指导支持下，赴贵州考察学习先进经验，结合卢氏实际，实行县级顶层设计，启动“EPC+ 政府购买服务建设”模式，实行农村公路建养一体化。借鉴外地经验，结合本地实际，卢氏县对交通脱贫项目统一打捆招标，采取设计、采购、施工总承包的办法，与中交一工局海威公司和五分公司签订了“建养一体化”总体服务协议，融建设与养护于一体，并且建养资金分年给付。通过借助央企的规范管理和科学施工，有效提高了公路建设质量和速度。同时，下大力气改善村村通班车运营难、管理经验不足的现状，由县交通运输局牵头，组织农管所、运管局等相关人员赴信阳潢川县、广山县和洛阳新安县，南阳宛城区等地学习考察，借鉴经验完善方案，探索建立健全模式，全面启动了“四好农村路”创建工作，努力形成适应新时期要求的卢氏交通运输管理机制。

激发群众内生动力，破解路基处理瓶颈。农村公路特别是通村公路修建，路基前期处理是一个难题，涉及拆迁、设计等多项工作，必须取得群众支持，争取

群众参与。卢氏县通过大力宣传，充分动员，群众有钱出钱、有力出力，纷纷投身路基建设战场，沟沟岔岔呈现“锁门闭户搞建设，男女老少齐上阵”的壮观场面。

沙河乡对全乡17个行政村的104条128公里村组道路开展道路整修全面会战，乡、村两级干部分包路段，吃住在工地。官道口镇三官庙村群众自愿捐款8万多元，人均600元，义务出工10多天，拓宽整修路基4公里，开挖回填土石3万余立方米。家住朱阳关镇涧北沟村的卢氏县城华洋手机卖场老板，捐款2万元，承担起了家乡自然村路基建设费用。瓦窑沟乡庙上村韩家庄组每口人3米路基，自觉出工，主动邀请技术人员验收，短短10天时间，就完成了路基整修任务。

据不完全统计，仅从2016年8月到2017年6月，卢氏县共整修行政村路基373公里、自然村路基1316公里，社会各界及群众主动捐资及投工投劳援助机械共折合人民币约1.87亿元，掀起了一场新时代“人民交通人民建”的热潮。

交通扶贫，实现“三个助推”

一是修产业路，助推一产做强。坚持以产拓路、以路兴产，建设产业路432公里，覆盖培训基地23个、产业扶贫基地189个、增收大棚2342个，“果、牧、菌、烟、药、菜”等产业规模扩大，信念集团、金海科技、科尔沁肉牛养殖、三阳畜牧等一批重点产业扶贫项目先后在农村落地。二是修园区路，助推二产做优。建设产业集聚区园区路4.5公里，建成区面积扩大到3.4平方公里，累计入驻企业和项目51家。三是修旅游路，助推三产做大。结合国家全域旅游示范区创建工程，围绕双龙湾等3个4A景区、大鲵湾等6个在建景区和特色乡村游“三线一廊”示范带、县城至卢栾交界处等10条精品线路，提升旅游公路等级标准，建设旅游公路152公里。

鏖战关山成通途，脱贫有了加速度。大山中修成的一条条道路，上联党心、下接民心，是德政民生路，是群众脱贫路，更是乡村振兴路，承载着希望，引领着卢氏人民迈向幸福生活。（张海军　侯咏红）

种大棚菜让我过上了好日子

我叫陈加太，家住河南省三门峡市卢氏县沙河乡果角村，我和老伴儿李秋梅今年都 68 岁了。曾经，我家是建档立卡贫困户，日子过得异常艰难。

20 年前，我的大儿子因家里穷借钱，和媳妇生气，结婚刚一年喝农药走了，儿媳妇也远走他乡。屋漏偏逢连夜雨，我的小儿子 2010 年突发脑血管疾病，没钱看病，我在外地打工还没回来他就走了，留下俩孙子，小的刚一岁。我老伴儿要照顾俩个孙子，我全国各地到处跑着打工，一个月两千块收入，给两儿子欠下的债还钱，这一还就是近 20 年。我们家的日子就像一出看不到头的悲剧。

直到去年的一天，信念集团的老总叶传林到我家里，看我老伴椎间盘突出很严重，他就自掏腰包给了 2000 元钱，还说让我跟着他种大棚菜。

在信念集团的支持下，去年 10 月初，我开始接手种植蔬菜大棚，黄瓜套种苦瓜，黄瓜去年 11 月上市，到今年 3 月底收了 12935 斤，和公司对半分红，一次分得 7900 元，一次分得 8505 元。黄瓜罢园、苦瓜上市，两天采摘一次，到现在累计收了 1.27 万斤。今年我又种了 2.4 亩的线豆角。到年底我收入 10 万元有希望，我们家也成了脱贫致富的典型。公司给我们一户一个账本，我家的苦瓜菜款累计已达到 2.5 万元，和公司对半分红，能分到 1.25 万多元，一周内款就能打到我的银行卡上。

听说，卢氏县 15 个乡镇 50 多个村都把种蔬菜、香菇当做脱贫致富的手段，以我种蔬菜为例，公司与我们农户鉴定协议，对半分红，公司每亩地收入封顶 1 万元，其余部分归我们。

如今我们家的欠债马上就能还清了，我的俩孙子上学都符合补助政策，老伴儿看病也能报销。我是易地扶贫搬迁户，快要搬到新楼房了，日子一天看着比一天好了。（张海军 张培奇）

高河村“比拼”脱贫劲头足

“上个月,农家宾馆建好了,超市营业了,我们马家庄组可以批量接待游客了!”“仓房组完成了3户危房改造任务,所承担的安置点环境卫生工作被乡里评为先进,有5人获得了义务劳动积分!”张文学和张爱科两位组长论起脱贫工作实绩,正在“一比高低”。

这是6月10日卢氏县瓦窑沟乡高河村开展的“组组争先进,户户比干劲”活动现场会上的热烈比拼场面。2016年以来,组与组、户与户比拼脱贫成为常态,贫困山村脱贫加速,发展欣欣向荣,群众生活越来越好。

2018年该村实现了整村脱贫。“我们要脱贫不懈怠,发展不松劲,今明两年建成万亩野生猕猴桃林下经济示范项目工程,营造良好的招商环境,争取用3至5年时间实现白龙庙原始森林景区综合开发效益,年集体经济收入达到50万元,把高河村打造成村风文明、产业繁荣、风景秀丽的豫西南部山区的观光、休闲、养生福地。”该村党支部书记乔忠科说。

地处豫陕两省和三门峡、南阳、商洛三市交界处的高河村,是省级贫困村。全村8个居民组220户850口人,其中贫困户84户285人,地处偏远,自然条件恶劣,脱贫攻坚任务繁重。自脱贫攻坚战打响以来,村“两委”和卢氏县交通局驻村工作队就深入开展了“组组争先进户户比干劲”活动,激发广大干部群众内生动力,“比学帮赶超”蔚然成风,涌现出一批道德模范、致富能手,凝聚了正能量,提振了精气神。

2016年以来,高河村户户有项目、人人有活干。村民们眼界高了,路子宽了,追求的目标更大了。35岁的储成军做农家菜的手艺好,又收费合理、服务热情,流动酒席的生意越做越大,从乡里做到了县内外,还在邻近的陕西省商南县等地小有名气,年收入40多万元。他不仅盖了两层漂亮的小楼,还在县城买了一套130平方米的电梯房。贫困户钱志军家3年前穷得叮当响,看到邻居家个个住楼房、开轿车,他终于坐不住了,在2017年春天发展了8000袋代料香菇,交由妻子管理,自己到矿山做起了钻工,两人年收入有6万多元,不仅还清了借款,一家4口还住进了新楼房,成了“不愿干变成了我要干”的典型代表,跟上了全村脱贫摘帽的步伐。

高河村人人有追求、户户迈大步。2018年,该村率先在全乡脱贫摘帽,易地扶贫搬迁、房屋提升改造、新农村建设等多项工作受到县、乡表彰,村党支部被评为“五好支部”,主导产业食用菌发展势头强劲,户均种植规模达到1.6万袋,有3个以上增收项目的农户占全村总户数的95%以上。山村变美了,群众变富了,村风变好了。

(高长军　张海军)

北王村孕育金色的希望

望着绿树环绕、祥和美丽的文化广场，眺望通往村庄宽阔的盘山水泥路，回眸小溪旁边的小小村庄……这里让人很难与“深度贫困”村划上等号。脱贫攻坚结对帮扶给北王村带来了巨大变化。

北王村是河南省卢氏县杜关镇西北的一个偏僻山村，大山阻隔，交通十分不便，距三门峡市 120 公里，距杜关镇 25 公里，属于深度贫困村。全村 8 个自然村，10 个村民组、331 户、916 人分布在五岭八坡三沟，其中贫困户 121 户、426 人，贫困发生率达 46.5%。全村国土面积 23 平方公里，耕地 1680 亩，林地 2.97 万亩，人均耕地 1.8 亩、林地 30 多亩，没有一分水浇地。主要农作物以烟叶、玉米、豆类为主，主要经济来源依靠烟叶、连翘、核桃、养牛、养猪、养鸡及外出务工等。由于自然禀赋和社会经济条件的制约，被三门峡市确定为最后一年（2019 年）脱贫。

扶贫工作队进驻北王村之前，这里经济落后、村容村貌差。村委会没有一个像样的办公场所，党的基层组织几乎处于瘫痪状态，是方圆有名的贫困村、落后村，加之交通不便，饮水困难，干部群众脱贫攻坚情绪低落。

2016 年三门峡市水利局和北王村结对开展帮扶工作。水利局成立了以局一把手为组长、其他班子成员为副组长，重点部门负责人为成员的定点扶贫工作领导小组和精准扶贫领导小组。在摸底调研的基础上，制定了《北王村精准扶贫实施方案》，确定了以烟叶为主导产业，核桃、连翘、牛羊养殖业为辅的产业发展思路，并对未来三年全村的基础设施、产业发展、社会事业、居住环境、人力资源等五个方面的项目进行了科学合理的规划。通过严格选人标准，配足配强脱贫攻坚工作队人员。水利局办公室、财务、规划、移民、防汛、农水、水保等主要科室服务保障帮扶工作，组织实施扶贫攻坚项目。驻村工作队办公经费和差旅费报销管理及办公生活物品采购。驻村扶贫工作队主要负责局与帮扶村的联系，负责帮扶项目的监督实施和推进工作以及日常工作等。真抓实干，为包扶村做实事。单位一把手保证每月到包扶村调研、指导工作次数，每个季度召开 1 次定点扶贫专题会议，听取工作队工作汇报，讨论研究扶贫工作方案，解决遇到的困难，安排部署下一阶段的扶贫工作任务和措施。

在三门峡市委、市政府的领导下，在县、乡党委、政府的大力支持下，市水利局党组和驻村工作队、结对帮扶人员，以及村组干部、群众的共同努力下，三年来北王村脱贫攻坚取得了突出成效，发生了“五个”可喜变化。

——党的建设加强，村党

支部的凝聚力、战斗力增强。党支部、村委会、监委会团结拼搏气氛浓厚；党员的精气神发生了深刻变化；党的建设全面加强。

——基础设施建设全面发力，公共服务整体提升。“五有六通”全面实现，尤其群众最期盼、最关心的安全饮水问题，经过多方努力，户户用上了干净、卫生的自来水。太阳能热水器因为“水”的解决，也飞进寻常百姓家，群众的生产生活发生了天翻地覆的变化；道路由坑坑洼洼的土路，变成4.5米宽的水泥“高速路”。2019年1月20日，实现了第辆大客车进村，一举结束了北王村不通“大车”的历史。

——主导产业壮大，农民群众的增收渠道增加。68座标准化炕房先后建成，1000亩合同烟叶种植面积，稳定增收，年产值450万元以上。仅此一项，全村人均收入5000元左右；劳务输出，稳定有序，每年南方各省、市和河南省内务工输出150人上下，年收入350万元左右；养殖业（牛200头左右、羊超400只）稳定增收；新兴产业野生连翘合作社正在组建，规模管理加人工种植面积3000亩，年收入50万元，带动贫困户50多户，户均增收3000元。

——干部群众精神面貌大变，脱贫攻坚内生动力不断迸发。随着党支部凝聚力、战斗力

的加强，群众看到了希望。过去群众会议没人气，参加者寥寥，党员会也只是流于形式。现在村委会成了干部、党员、群众议事、谋事、干事、想事的地方，脱贫攻坚激发了勃勃内生动力。

——村容村貌焕然一新，群众的幸福感、获得感和安全感明显提高。随着村内河道生态治理工程的完成，危房的拆除，以及文化广场，“六改一增”等项目工程的实施，以及卫生设施、保洁员制度的完善，北王村脏、乱、差和不良卫生习惯得到了彻底扭转，一个美丽的北王村呈现在人们面前。

北王村2016年，脱贫攻坚退出20户、84人；2017年退出4户、18人；2018年退出61户、246人；2019年预退出27户、69人。全村的贫困发生率降到1%。北王村人均纯收入目前达到6900元。其中工资性收入2400元，产业人均收入4500元，在卢氏县组织的脱贫攻坚工作考核中，北王村在杜关镇18个行政村中，群众满意度排名第一。

按照市委、市政府工作部署，三门峡市水利局将进一步提高政治站位，紧紧围绕北王村的实际情况，精准施策，不断加大基础设施建设、产业技术培训、贫困人口就业，加大力主导产业烟叶、连翘和劳务输入的工作力度，突出抓好脱贫增收，确保2019年进入先进行列，为脱贫攻坚贡献智慧和力量。（李苏宏 曹鸿儒 亢海港）

心怀乡梓情 携手扶贫路

中国人眷恋故土、铭记亲情，老乡之间互相帮衬照应，一直以来都是出门在外求生存谋发展的打工创业人士所遵循和推崇的行为模式。俗话说“老乡见老乡，两眼泪汪汪。”说的是不忘家乡养育之恩、重情重义的传统美德。

常卢佳是河南省卢氏县东明镇人。卢氏县属于国家级深度贫困地区。常卢佳2006年到北京打工闯世界，不辞辛苦，奋力打拼，取得了一定的成绩。每当回家探亲，看到农村老家人生活辛苦还不富裕，他便萌生了带老家人到北京打工的念头。开始从几个人、几十人，如今已带动家乡300余人到北京工作。

他待人真诚，舍得付出，既有军旅情怀，更有爱乡情结。扶贫工作是党中央、国务院的一项重要战略部署，各行各业都应该积极投身于脱贫攻坚战场中。扶危济困是中华民族的传统美德，也是一代企业家回馈社会的责任。他心怀乡梓情架起扶贫桥的事，已经成为家乡人的美谈。

“怀山之水，必有其源。”谈起现在的小小成就，常卢佳说这一切都源于部队的历练。2000年10月，18岁的他参军成了一名光荣的武警战士，来到了呼伦贝尔大草原。经过将近一年的锻炼，他担任了班长。2001年7月大兴安岭发生火灾。部队出动三个中队70名官兵赶赴火场。常卢佳和战友们也加入了这次行动。经过大约17天的艰苦奋战，战士们在缺水断粮的情况下以英勇的作风和顽强的毅力，终于将大火扑灭。上级授予他们部队集体二等功。作为二中队四班班长的常卢佳，因灭火勇敢也荣立了三等功。回忆起那血与火的搏斗，生与死的考验，常卢佳深深感到那是他人生中第一次最危险、最难忘、最自豪的经历。

由于受部队生活的教育，常卢佳在提升企业经济实力的同时，不断加强内部管理，注重队伍的素质提升，注重对员工的人性关爱，建立以人为本的管理体制和运行机制。注重员工的价值发挥，尊重员工的价值创造，发挥员工的积极性和创造性，通过教育培训不断提升员工的技能素质和能力。对于卢氏来的父老乡亲，公司围绕能力提升，根据工作需要动态制定培训计划，提高新技术、新技能、新理念的实际运用，不断满足企业发展的需求，

打造情感交融、荣辱与共的成长共同体。公司按照人员的不同属性进行合理定岗，发挥员工个体的潜能，实现个体价值的有效转化，既能保证合理劳动量和最大化提升企业运行效率，又能增加其个人收入和实现自身价值。

诚信是企业长久发展的立身之本，也是企业赢得市场和提升核心竞争力的无形资产。由于受地理位置偏僻的影响，卢氏历史上以传统农业经济为主，生产力水平一度较为落后。但是卢氏人正直善良、淳朴厚道，吃苦耐劳、重情重意。诚信文化凸显企业品质。常卢佳在企业里发挥卢氏人的特点和优势，构建有生命力和责任感的文化环境，以诚信文化为核心持续提升企业的竞争力和影响力。常卢佳认为，企业应该始终把给客户提供优质服务、诚信服务放在重要位置，切实加强服务质量和品牌建设，将优质服务、诚信服务的理念融入企业文化，打造成企业发展的金字招牌。常卢佳也常常为北京能有这样一支团结诚信、认真负责、努力工作的团队感到自豪和欣慰。公司管理工作规范有序，多年一直得到主管部门的认可和奖励，受到了服务对象和居民们的高度赞扬。

目前常卢佳在北京已经拥有4个物业管理公司和1个建筑工程公司，一共管理项目30多万平米，31栋楼6000千多户。通过口口相传几年来卢氏老乡们听说他在北京干得不错，有的到北京来都到这里来看看他，他都会热情招待。有的朋友介绍亲戚朋友和老乡来北京找他，他热情欢迎，因才使用。年纪大点的就安排让去保洁公司工作，每个月也拿到几千元的工资。有一个老乡是物业电工，原来家里条件艰苦，从小就出来跟他在北京干，现在结婚孩子都已上小学了，一家人对生活感到非常满足。

出来的乡亲们不仅开阔眼界，长见识学本领，还实现了脱贫致富。只要能为家乡办事他都会尽力去做。由于他多年来为卢氏做了不少贡献，2016年他成为了卢氏县的政协委员。在谈到未来目标时，他说，自己现在正在调研家乡基层的一些物业管理、保安、保洁等项目，如果有

合适机会他愿把在北京多年积累的经验带回去，做强做大品牌，以优质的物业管理服务，为家乡做贡献。（记者　梅淑娥）

湖滨区

湖滨区是三门峡市委、市政府所在地，也是全市政治、商贸、金融、文化中心，具有得天独厚的地域、资源、政策等优势。

三门峡市湖滨区总面积185平方公里，其中城区面积21平方公里。有常住人口32万，其中农业人口不足6.3万。下辖3个乡、7个街道，是一个城乡兼备、工业发展较快、三产繁荣活跃、农业特色明显、城市功能齐备的综合性城区。拥有中国优秀旅游城市、国家园林城市、全国“双拥”模范城市、全国科技进步先进区、国家社会治安综合治理优秀城市等多张“国字号”城市名片。

作为三门峡市的主城区，湖滨区因时而动、顺

势而为，牢固树立主城区意识，深入贯彻党中央治国理政新理念新思想新战略，统筹推进“五位一体”总体布局和协调推进“四个全面”战略布局，坚持“稳中求进”工作总基调，突出推进供给侧结构性改革的工作主线，着力崇尚创新，着力注重协调，着力倡导绿色，着力厚植开放，着力推进共享，以实际行动加快转型发展、发力三次创业，奋力夺取决胜全面小康、打造省际中心城市、建设富裕湖滨、人文湖滨、和谐湖滨、生态湖滨、智慧湖滨的新胜利。（钟河　文　孙凯　图）

弘扬中流砥柱精神
决战决胜脱贫攻坚

这里是孕育中华古老文明的源头之一，距今约7000年的仰韶文化让三门峡这块文化圣地闪耀华夏；这里是因坝而建、伴河而兴的明珠城市，丰富的资源和雄厚的产业使其有“五彩三门峡”之誉；这里生态环境良好，“四面环山三面水，半城烟树半城田”的生态美景让“天鹅之城”三门峡享誉全国。每年冬季成千上万只白天鹅到这里栖息越冬，形成一道独特亮丽的风景，湖滨区又被誉为“天鹅城”。

32万湖滨人大力弘扬砥柱精神，树立“紧凑布局、集约+建设、精明增长”理念，以商为进建设富裕湖滨，以史为继建设人文湖滨，以民为本建设和谐湖滨，以水为名建设生态湖滨，以新为机建设智慧湖滨，经济社会发展稳中有进、进中提质。

近年来，湖滨区以习近平新时代中国特色社会主义思想为指导，认真落实习近平总书记关于扶贫开发工作的重要论述，按照中央和省、市关于扶贫工作的各项部署要求，狠抓政策落实、责任落实、工作落实，主动担当尽责，着力补齐短板，以决战决胜的姿态坚决打赢打好脱贫攻坚战。

湖滨区是1986年随三门峡市行政区划调整设立的县级行政区，总面积185平方公里，下辖3个乡、2个涉农街道，5个城区街道，有47个行政村、39个社区，总人口33.2万人。其中农业人口2.38万户、8.4万人；有贫困人口的行政村37个，其中省级贫困村12个。

2018年年底，12个省级贫困村全部退出，贫困发生率降

至 0.6%。

建立党建引领脱贫攻坚体系

夯实脱贫攻坚“责任链”。坚持党建“主业”与脱贫攻坚“主责”相统一，持续强化党组织在脱贫攻坚中的领导核心作用，建立健全“书记抓、抓书记”责任机制，把脱贫攻坚工作纳入乡（街道）党（工）委书记抓基层党建述职评议的重要内容，纳入贫困村及区直联系单位党建工作年度考核目标，纳入村党组织书记、第一书记、驻村工作队成员及帮扶干部个人年度考核目标，实现基层党建与脱贫攻坚同研究、同部署、同推动、同考核。筑牢脱贫攻坚“桥头堡”。以软弱涣散和后进村党组织集中整顿为主攻方向，先后投资 200 余万元建成农村党建示范点 15 个，创建五星级党支部 20 个，贫困村班子建设和攻坚能力得到进一步提升。按照“支部引路、党员带路、产业铺路”的思路，推广“支部+合作社+基地+农户”模式，形成了以农村党员干部主导的黄龙蔬菜、关山花椒、富刚扁桃等产业项目基地。打造脱贫攻坚“先锋队”。将“党员活动日”与脱贫攻坚“集中帮扶日”有机结合，组织机关党员干部每月定期开展“党员结对”帮扶活动；组织农村骨干党员每人联系 2 至 3 户贫困群众，定期开展“四必到、四必访”活动，使党员干部在脱贫攻坚中

走在前列。激发脱贫攻坚“动力源”。建立村级组织运转经费保障机制，2018年村级组织运转经费由每村3万元增加到每村4万元。实施乡（街道）党政领导班子抓脱贫攻坚述职评议考核和村干部工资绩效考核制度，激发乡、村干部队伍活力。

搭建就业扶贫有效平台

充分发挥中心城区人力资源需求大的优势，按照“培训看需求、就业广门路、创业有保障”的思路，强化培训，转移就业，让贫困劳动力拥有稳定工作，让“面朝黄土背朝天”的农民走上更为广阔的致富路。加强技能培训。坚持因地制宜、因人定课，开设市场紧缺、实用易学的技能培训班，推行进乡入村、进园区入企业、进街道入社区“三进三入”服务，让贫困群众掌握一技之长。同时，对参加培训的贫困户给与生活补贴，充分调动了贫困户参加学习培训的积极性和主动性。举办专场活动。积极开展“春风行动”、“精准扶贫专场招聘会”等专项活动，无缝对接用工单位，让贫困群众实现从“靠救济维持”到“靠勤劳致富”转变。及时发布信息。利用报纸、电视、微信等媒体，定期或不定期发布用工信息，帮助贫困群众就业。目前，全区有就业能力和就业意愿的建档立卡贫困劳动力4397人，转移就业4211人，转移就业率达95%。

凝聚社会组织参与脱贫攻坚合力

动员民营企业扶贫。开展“百企帮百村”活动，8个商会结对帮扶7个深度贫困村，27家非公企业结对48户贫困户。组织交口乡商会、贤诚汽修等企业开展人居环境扶贫，实现贫困户庭院旧貌换新颜。推动“互联网＋社会扶贫”。依托中国社会扶贫网APP，动员社会力量参与脱贫攻坚。目前，全区累计注册爱心人士1.2万人，贫困户发布需求2546件，对接成功率达97.3%以上。倡导爱心捐赠扶贫。依托乡（街道）原有社会超市建立“爱心超市”，搭建社会服务平台。发动群团组织扶贫。充分发挥群团组织优势，开展“八方援”“巧媳妇”、“圆梦校园”“残疾辅助器材捐助”等活动，鼓励、支持各类非公有制企业、社会组织、爱心人士参与脱贫攻坚，汇聚脱贫攻坚社会合力。推广消费扶贫。通过举办“消费扶贫·爱心集市”“农超对接”等活动，帮助贫困村发展、贫困户增收。至目前，共帮助贫困群众销售产品价值约203.5万余元。

创新丰富脱贫攻坚活动载体

开展“干部帮扶大比武”活动。选出十佳帮扶干部、优秀帮扶干部、先进帮扶干部共30人，充分发挥了先进典型的示范带动作用，鼓舞全区广大扶贫干部的士气。开展"单位帮扶擂台赛"活动。所有定点帮扶单位主要负责人登台演讲，脱稿说工作、讲成绩、晒亮点，讲述帮扶故事，展示帮扶成效，评选出"十佳"和"十优"帮扶单位，营造人人关心扶贫、人人参与扶贫的浓厚氛围。开展"群众脱贫风采展"活动。推进"扶志扶智扶精神、升志气升骨气升质量、变环境变富裕变文明"，评选出文明家庭、最美家庭55个，树立"花椒大王"李小旦、"致富能手"郭党真、"养鸡司令"李逢国等一批脱贫典型。开展"圆梦微心愿"活动。通过搭建"微平台"、释放"微能量"、递送"微服务"，着力解决贫困户"十大件"及生产生活中的小需求、小梦想。开展志智双扶"八星"评选活动。为充分发挥脱贫攻坚先进典型的示范带动作用，评选出志智双扶"八星"先进个人227人、先进单位39个，引领广大干部群众积极投身脱贫攻坚战。开展"我到贫困户家吃顿饭"活动。在吃饭的过程中了解贫困户的思想动态和家庭情况，增进感情，提升满意度。

实行"四个全覆盖"帮扶责任制和脱贫攻坚战区责任制

全面实行"县级干部包村、帮扶单位联村、责任小组驻村、机关干部结户"制度，实现了帮扶"四个全覆盖"，即：区委常委分包12个省级贫困村、区级干部分包抽户样本村"全覆盖"；71家帮扶单位、36名驻村队员、19名第一书记"三对一"帮扶省级贫困村和贫困发生率在7%以上的面上村"全覆盖"；千余名机关干部"一对一"帮扶贫困户"全覆盖"；脱贫攻坚责任小组帮扶有贫困人口的行政村"全覆盖"。成立区脱贫攻坚东、南、北、中四大战区，分别由区委常委任指挥长，实行战区指挥长负责制，抽调区直单位16名干部组成督战队，28名干部组成援战队，均与原单位工作脱钩，进行专职督导和支援，与所在乡、街道同奖、同罚、同问责。

强化责任落实，提升政治站位

统筹谋划，高位推动。始终把脱贫攻坚作为第一政治任务、第一发展机遇、第一民生工程，以脱贫攻坚统揽全区经济社会发展全局。认真落实党委、政府主体责任，严格履行党政主要领导第一责任人职责。2018

年以来，先后召开区委常委会议10次、区政府常务会议5次、区委中心组学习12次，脱贫攻坚领导小组会议39次，深入贯彻落实全国扶贫开发工作会议，全国易地扶贫搬迁现场会议、全省脱贫攻坚第六次推进会议、全省脱贫攻坚工作电视电话会议、全省扶贫开发工作会议、全市脱贫攻坚第六次、第七次推进会精神，研究部署全区脱贫攻坚工作，切实做到学习新精神、领会新要求、落实新举措。尤其是2018年10月17日，召开了高规格、广范围的全区脱贫攻坚决战决胜誓师大会，动员全区上下进一步统一思想，凝聚合力，坚决打赢打好脱贫攻坚战。同时，制定出台《湖滨区打好精准脱贫攻坚战三年行动计划》《湖滨区2018年脱贫攻坚工作指导意见》《关于进一步完善区级领导联系脱贫攻坚工作责任机制的通知》等系列文件，着力构建专项扶贫、行业扶贫和社会扶贫"三位一体"大扶贫格局。

领导带头，示范带动。调整完善湖滨区脱贫攻坚领导小组，成立14个专项工作组和15个重大专项指挥部，全部由区委常委和副区长担任组长，明确职责任务，细化工作措施，统筹协调推进脱贫攻坚工作。区四大班子领导干部带头学习政策，带头联系分包村，带头入户走访，带头住宿帮扶村。创新推行"周五基层调研日"活动，区级干部以身作则，率先垂范，每周五定期深入贫困村、贫困户调查研究，解决问题，推动工作。2018年以来，先后两次组织全区四大班子领导干部和区直单位负责人、各乡（街道）书记，到兰考、泌阳、滑县、新蔡、沈丘、柘城等地学习脱贫攻坚先进经验，为打赢打好脱贫攻坚战奠定坚实的思想基础。

尽锐出战，上下联动。在全区71家单位、1000余名干部参与结对帮扶的基础上，从城区街道再抽调176名干部强化"一对一"结对帮扶，实现了所有贫困户与机关干部结对帮扶全覆盖。优化调整驻村力量，从全区各个部门择优选派24名年轻干部充实到各村担任第一书记、驻村工作队长、队员，为帮扶队伍注入新鲜血液。驻村第一书记、工作队长和工作队员等驻村干部一律实行每周"五天四夜"工作制；帮扶责任干部每月10日和25日至少入户2次以上，深入贫困户家中了解情况，宣传政策，解决困难。

传导压力，责任驱动。按照省委书记王国生要求，区委书记遍访贫困村、区级领导遍访问题户、乡（街道）书记遍访贫困户、区直单位负责人遍访分包帮扶户，目前已遍访结束。认真落实党委、政府主体责任，严格履行党政主要领导第一责任人职责，健全区、乡（街道）、村三级脱贫攻坚责任体系和书记负总责工作机制，层层签订责任书，逐级立下军令状，形成"三级书记"齐抓共管的工作格局。进一步理清区级领导干部、帮扶单位、行业部门、乡（街道）班子成员、村级责任组长、驻村第一书记、帮扶责任人等责任清单，压实责任，夯实基础，合力攻坚。同时，制定《湖滨区脱贫攻坚工作问责办法》，以严格的考核，激励先进，鞭策后进。2018年以来提拔重用35名扶贫战线表现优秀的同志，其中10名是成绩突出的驻村第一书记；表彰了53家先进单位、82名优秀帮扶干部。

强化政策落实，突出关键重点

饮水扶贫。加快农村饮水安全巩固提升工程建设，全面提高贫困村水质达标率和用水方便程度，有效改善12个贫困村、8个非贫困村，2.8万人饮水条件；全区农村饮用水水质化验结果达到合格标准，自来水入户率达90%以上。

产业扶贫。科学规划发展蔬菜、林果及食品加工、手工业等产业，先后建成扁桃种植、臻萃园葡萄种植、花椒种植、光伏发电等产业扶贫项目，基本形成“一村一品”、“一乡一业”发展格局，实现产业项目对全区贫困户“全覆盖”。累计建成扶贫培训基地5个、产业扶贫基地54个、产业增收大棚1005个。充分发挥龙头企业带动作用，组织丰基农业、天赐农业、三味奇等农业龙头企业，通过劳务用工、产品收购、技术指导、分红等方式，建立企业与贫困户的利益联结机制。

就业扶贫。免费为农村贫困劳动力开展电焊工、电工、中式烹调师和家政服务等培训项目，目前已为全区所有贫困村和面上村实施了全方位培训，并给予每人每天发放培训生活费补贴30元，累计发放102.5万元。组织开展“春风行动”、“精准扶贫专场招聘会”等大型招聘会13场，达成就业意向900余人。建立农村劳动力转移就业实名制台账，根据类别特性，有的放矢进行个性化就业创业指导服务。积极鼓励自主创业，为自主创业贫困户发放补贴，带动贫困劳动力就业；积极推荐黄龙蔬菜有限公司、三门峡天赐农业技术有限公司、磁钟恒盛食用菌种植有限公司申报河南省返乡下乡创业示范和大众创业扶持项目，争取扶持资金，带动贫困户就业。

易地搬迁。全区共有易地扶贫搬迁人口747户、2589人，已于2018年5月底全部搬入新居，基础设施和公共设施全部配套到位，达到“五通六有七化”标准，在全市率先完成“十三五”期间易地扶贫搬迁安置点建设任务。

危房改造。2018年，我区积极开展危房改造“清零”行动，四次组织全区农村住房安全排查行动，委托第三方鉴定机构出具专业鉴定结论，因地制宜选择改造方式，确保改造质量达标。目前，已改造建档立卡贫困户住房6户，拨付补助资金8.8万元。

健康扶贫。全区农村人口基本医疗保险参保率达100%，城乡居民基本医疗保险、大病保险、困难群众大病补充保险、大病兜底保险实现“一站式”即时结算。严格落实农村困难群众住院“先诊疗、后付费、免押金”住院模式，贫困患者到区医院、乡卫生院就诊免住院押金、免挂号费，区医院门诊检查费用优惠30%，住院起付线减免50%。积极推进农村居民家庭医生签约服务，贫困人口签约率达100%。

教育扶贫。严格落实教育扶贫资助政策，切实让贫困学子有学上、上得起、上得好。2018年，累计资助学前教育贫困家庭幼儿1652人次、68万元；资助义务教育阶段寄宿制学校贫困家庭学生513人次、29.6万元。继续实施全区农村义务教育阶段师生免费“阳光营养餐”工程；创新开展“教育扶贫·圆梦校园”助学活动。

金融扶贫。建立金融扶贫贷款风险分担机制，在“政府+银行+保险公司”模式的基础上，创新增加“政府+银行”、“政府+银行+担保公司”、“银行+帮扶干部”等模式，分担户贷户用小额信贷贷款风险，持续提高扶贫贷款效率。截至2018年底，累计为建档立卡贫困户贷款904笔3167.4万元。探索推行扶贫保险模式，在全市率先推广“2+X扶贫保险模式（“2”即政府扶贫救助保险、“扶贫保”家庭综合保险，“X”即意外死亡或伤残、意外伤害医疗等7个险种），有效防范贫困户因意外返贫的风险。目前，共出险案件561起，赔款金额30.1万元。

保障扶贫。坚持“应保尽保、分类保障、动态管理”原则，对低保户、五保户等特殊困难群体，给予兜底救助。农村低保标准由2017年每人每年3400元提高到3600元，实现农村低保线和扶贫线“两线合一”，高于省定标准。制定《湖滨区深度贫困户“三变”工作实施方案》，严格按照“四类”深度贫困群体认定标准，对建档立卡贫困户逐户普查审核，建立台账，全部分类施策到位。

基础设施。加快推进脱贫攻坚基础设施和公共服务设施建设，着力补齐短板。健全文化阵地。全区12个省级贫困村全部达到“七个一”标准，所有贫困户广播电视实现户户通。完善农村电网，实施畅通工程，强化环境治理，开展“城乡环境大扫除”暨环境攻坚行动，所有村庄均进行了净化、美化，目前环境面貌焕然一新。

强化工作落实，聚焦精准发力

严格动态管理。扎实做好年度动态管理工作，充分利用省信息平台，依托大数据对脱贫人口进行对比核查，对筛选出的疑似问题户进行重新入户核查，确保脱贫退出“零差错”。

强化资金管理。建立《湖滨区财政专项扶贫资金管理办法》，规范扶贫资金使用程序，对所有扶贫资金均实行公开公示，确保扶贫资金使用安全高效。

科学安排项目。各乡（街道）、村因地制宜确定主导产业1—2个，确保乡乡有产业、村村有项目，形成了以特色种植、康养旅游、农产品深加工等为主的产业发展新格局。（记者　梅淑娥　湖滨区委宣传部供图）

桃园深处党旗红

数九寒天，三门峡市湖滨区交口乡富村富刚扁桃种植农民专业合作社的种植基地，一片热火朝天的忙碌景象，果树管理员正在忙着修剪扁桃树。连日来，该合作社负责人抓住当前农闲的有利时机，组织15余名专业技术人员的修剪队在管理果树，他们个个忙的不亦乐乎，为来年扁桃丰产打基础。

去年12月26日，在种植基地记者见到了正在忙碌的建档立卡贫困户邓振玉，“现在天冷了没事干，我和妻子在扁桃园里干活，我每天可以挣到80元工资，妻子60元，在这里都干快两个月了，一家人可以过个宽裕年了。”邓振玉乐呵呵地说道。

近年来，湖滨区交口乡富村党总支书记邓建刚，充分发挥领头雁作用，从党员中挖掘人才，为精准扶贫、乡村振兴注入了强大的生机与活力，提升了党组织的向心力、影响力和号召力，带领富村走出了一条致富路。

富村位于湖滨区交口乡西南塬上，总面积13.5平方公里，耕地面积5500亩，是省级贫困村。2016年以来，富村坚持把脱贫攻坚作为最大政治、最大任务、最大责任，推动党建与精准脱贫深度融合，从党员内部挖掘力量，促进了富村的产业发展。

2013年，邓建刚经过市场考察，多渠道了解和分析研判市场行情，自掏腰包进行投资，带领全村发展扁桃产业，依托行农民专业合作组织，设立党支部（党小组），通过推行“村党支部+合作社+贫困户”扶贫模式，将村民手中闲置的土地，以土地流转的形式整合到一起，形成连片种植，使种植效益最大化，带动更多党员和群众加入到种植扁桃的热潮中。

湖滨区交口乡富村党总支书记邓建刚："农业前期投资比较大，截至目前已经投资接近400万块钱了，当时家人也非常反对，我是认准一场事情非要把它干成不中。"

2014年，在邓建刚的带领下，富村发展扁桃500多亩，经过精心管理，在2017年已初步建成效。同时，还大力发展林下经济，在树下散养土鸡1万多只，增加了收入。

2016年富刚扁桃种植农民专业合作社被湖滨区人民政府命名为"产业带贫基地"，吸纳20户贫困户入股，并得到了入股分红，每户每年700元分红，15名贫困户人员在合作社长期务工，使每户贫困户年增收1万元以上，2017年年底20户贫困户全部脱贫，为脱贫攻坚做出了贡献。

湖滨区交口乡富村村民邓建全："收入满意，一个月我老两口的话基本上就是四千块钱。"

湖滨区交口乡富村党总支副书记张月星："这个邓支书啊，一心为群众服务，为群众发展，叫全村老百姓发家致富，是个实实在在的好干部。"

目前，富刚扁桃种植农民专业合作社和河南巴旦木生态农业科技发展有限公司签订了合作协议，主要有扁桃销售与扩大种植等，于今年3月初建立了育苗基地100亩，培育扁桃树苗100万株。先后成功举办了两届扁桃采摘节，带动了当地的旅游业发展，增加了群众收入，2018年11月，富村退出贫困村行列。

湖滨区交口乡富村党总支书记邓建刚："我认准这个扁桃在目前，在国内是个空缺，有发展前景，所以说我就一直闷着头往前干……为我们富村啊，闯出一条产业路。""产业扶贫是贫困群众稳定脱贫的重要支撑"，邓建刚坚信。"作为一名村干部，自己富不算富，最主要是带动更多的乡邻脱贫致富，让群众都过上好日子才是根本。""下一步，合作社将继续改善生产经营，努力不断扩大种植规模和打造品牌，力争在脱贫攻坚工作中做出更大的成绩，不仅要带领群众脱贫，更要努力带领群众一道致富奔小康。"邓建刚信心十足。（万军 郑素丽）

东坡园：唱文化戏 兴乡村游

三门峡湖滨区东坡村，有一座远近闻名的“东坡园”。宋代历史名人苏东坡行经三门峡时留下了许多历史传说，一直为历代三门峡人所津津乐道，而做为省级贫困村的东坡村在村名上与大文豪苏东坡有着天然的联系。湖滨区巧借东坡地名，引入东坡文化，将“东坡园”打造成为以苏东坡诗词、饮食文化为主题，以休闲采摘、餐饮娱乐、拓展培训、生态养生为主要内容的乡村旅游扶贫项目……

走进园内，建设精巧的竹制回廊、苏东坡雕像、演艺活动区，或以杭州、惠州、澶州等苏东坡生平重要居住地命名的餐厅等都颇有意趣。墙壁上、屏风上、竹帘上，目之所及，“烟雨暗千家，诗酒趁年华”“一年好景君须记，正是橙黄橘绿时”等苏东坡写就的千古名句以及“苏东坡三门峡故事”画作，使得园区古色古香，“东坡味”“文化味”扑面而来。“东坡园”内还设置有“砥柱铭书画厅”，里面不仅收藏了大量与苏东坡有关的书籍，还展览着苏东坡学生黄庭坚的书法作品《砥柱铭》摹本，以供游客观赏。

东坡村位于会兴街道最东部，总面积9.3平方公里，耕地面积2980亩，林地面积700亩，人均耕地面积2.25亩，退耕还林面积1245亩，人均林地面积0.53亩。全村现辖5个村民组，共344户1325人，其中常住人口141户650人，16-65岁劳动力人口341人。村主要产业是台湾林家花园文冠果种植基地、东坡大棚蔬菜农民专业合作社、东坡花卉苗木基地、水乡东坡旅游开发有限公司。

近年来，会兴街道东坡村按照会兴街道统一部署，致力于探索打造市、区乡村振兴战略示范点，按照“产业兴旺、生态宜居、乡风文明、治理有效、生活富裕”的总要求，努力让农业变强、农村变美、农民变富，共建生态秀美富裕文明新村。

村主导产业以种植、旅游业为主。种植业主要类型分为花卉苗木、水果、大棚蔬菜种植等，占地900亩左右；养殖业主要类型为牛、羊养殖，其中养羊180只，养牛50头；中药材种植，主要类型为丹参，规模140亩；水乡东坡旅游有限公司，占地30亩。依托东坡旅游开发有限公司生态园项目、“林家花园”文冠果种植项目、东坡蔬菜种植农民专业合作社和花卉苗木合作社四大支柱产业，积极发展村组经济。一是向区扶贫办申请到户增收项目资金134万元，分别发展东坡文冠果种植园带动项目和东坡旅游发展带动项目，达到贫困户政策资金全覆盖，年户增收1450元，同时带动贫困户就业68户，确保年户增收5000元；二是建立

“党建＋经济”发展模式，建设反季节水蜜桃采摘大棚20个，修建东坡园，新建餐饮包间4个，竹子文化长廊一座；三是研究部署东坡园产业发展规划，敲定“观最贵书法品东坡美食”发展思路。区文化旅游局、区药监局、区河务局三家成员单位分块承包，就文化氛围打造、东坡宴研制、拓展基地建设分头行动高效落实。目前，东坡园前期基础设施建设已初具雏形，东坡宴基本研制成功，园内文化氛围打造基本完成，宣传造势也陆续进行，正式开始投入运营。产业项目的顺利实施，将很大程度增加村集体经济收入，解决一批贫困户就地转移就业问题。

东坡村有5.5米宽的硬化公路直通村委，村民门前道路80%以上已完成硬化村情况，通班车，东坡村距离三门峡至大坝客运班车线1.2公里，有标准化卫生室200平方米，合格执业医师1名，安全饮水已解决，有水源地鉴定报告，有综合性文化服务中心（活动室、文体广场、简易戏台、健身器材等），生产用电条件全面改善、生活用电质量全面提升，宽带覆盖率100%，手机信号全覆盖，全村使用网络电视或信号接入电视，通电视率100%。今年在村内安装太阳能路灯66盏，村内巷道硬化1300米，新建水冲式厕所1座，砖混结构，仿古树脂瓦，内贴瓷砖，新建垃圾池2个，安装垃圾箱2个，垃圾桶40个，聘用保洁员10名，村里配备洒水车一台，有专人负责管理，对4名保洁员划分清洁责任区，责任到人，每天对所包区域卫生进行清扫，垃圾做到日产日清，切实改善了农村人居环境。

东坡村按照上级要求，积极整合资源，优化配置，不断加强农村水、路等基础设施建设，深入开展“好媳妇”“好婆婆”“星级文明户”“会兴好人”评选活动，引导村民树立健康向上的文明新风，同时指导各村完善村规民约，进行环境综合整治，组建村级垃圾保洁队伍，使村内面貌焕然一新。一是通过开展各类文化活动、道德评议等形式，对农民进行形势政策教育与民主法制和爱国主义、集体主义、社会主义教育。继续开展破除封建迷信活动，反对“黄、赌、毒”等歪风，消除社会不安定隐患。广泛开展健康有益的群众文体活动。建立宣传文化活动室、卫生室，农家书屋等，并配置必要的设备。全面翻新修建党建文化服务中心2000平方米，精简办事流程，为群众提供手续办理、政策咨询、文化娱乐、党员学习、技术培训等各种需求提供一站式服务。成立群中心文艺文化团队，每年组织文化活动3次以上。结合道德模范评选活动，对村内涌现的好人好事进行大力推荐和宣传，使村民学有榜样。筹建东坡村爱心超市，号召七家成员帮扶单位帮扶干部、社会爱心团体、爱心人士，捐款共计1.6万元，通过组织贫困户开展各项活动获取积分免费兑换商品，激发贫困户内生动力，树立东坡村好的村风和民风。

今年来，东坡村找准基层党建的切入点，强班子带队伍，充分发挥党支部的战斗堡垒作用。全村共有正式党员40人，

其中年老体弱党员4人，长年外出党员5人；村两位委班子成员10人，其中村党支部委员3人，村委会委员5人。采取集中学习、座谈交流、组织村干部赴先进地区参观考察等方式，帮助大家开阔眼界，开拓思路。突出民主管理这条主线，抓好“三会一课”制度和“四议两公开”工作法等规章制度的执行，规范村务要事决策的运行程序，严格按照“四议两公开”程序，重点评议发展党员、村级项目建设、精准扶贫、产业发展、低保评议等重大事项，特别是敲定了脱贫攻坚支撑项目，就是东坡村乡村旅游，发展村集体经济。坚持发挥基层组织的“第一道防线”作用，对村内不稳定因素进行排摸，实行“零报告”制度，大力开展矛盾纠纷的排查调处工作，做到排查认真、信息畅通、处置及时。村内成立矛盾纠纷调解中心，扎实做好群众基层基础工作，及时收集、排摸不稳定因素，坚持做好扫黑除恶违法犯罪宣传的帮，

做到早发现、早报告、早控制、早解决，通过疏导、化解工作，使一些事态平息在萌芽阶段，保障辖区稳定安全。目前共排查村内信教群众 78 人，调处各项纠纷、矛盾 23 起，调解成功 21 起，成功率达 95% 以上。

东坡村为省级深度贫困村，截止 2017 年年底已脱贫 166 户 569 人，2018 年脱贫 1 户 6 人，未脱贫贫困户 9 户 17 人，全村贫困发生率为 1.28%，计划 2018 年年底整村脱贫。村设有公益性岗位 8 个，其中保洁员 4 人、生态护林员 1 人、人社公益岗 1 人、金融专干 1 人、辅警 1 名。主导产业以种植、旅游业为主，村集体经济年收入 12 万元，其中大棚承包租赁费 5 万元，集体土地流转费 7 万元。2018 年农民人均纯收入 9000 元。

村民主要通过发展种植、特色旅游、转移就业发展致贫，其中种植业主要类型分为花卉苗木、水果、大棚蔬菜种植等，占地 900 亩左右，带贫人数 60 人，年收益 10000 余元；养殖业主要类型为牛、羊养殖，其中养羊 180 只，养牛 50 头，带贫人数 8 人，年收益 8000 余元；中药材种植，主要类型为丹参，规模 140 亩，带贫人数 10 人，年收益 7000 余元；东坡旅游有限公司，占地 30 亩，带贫人数 35 人，年增收金额 5000 元；转移就业，通过实用技术培训，实现转移就业 210 人次。东坡村通过金融扶贫系统共采集信息 344 户，采集率 100 %，其中 A 级 67 户，2A 级 144 户，3A 级 121 户，3A+ 级 10 户，无信用户 2 户。截止目前，共发放小额贷款 56 万元，户贷户用 15 户，用于发展大棚蔬菜种植产业项目，121 户通过企业带贫，每户每年增收 1450 元。本村 66 名贫困户参加家政服务员培训，争取生活补贴 30720 元；32 名贫困户申报雨露计划短期技能培训补助 52500 元。为全村 119 户贫困户开展家庭医生签约服务，每年实现免费体检；贫困户医疗保险参保率 100%。

“东坡园”开业以来，每逢节假日，三门峡市区、山西平陆等地的游客络绎不绝。“东坡园”重点推出的以东坡肉、东坡肘子、东坡鱼、东坡豆腐、东坡饼为主的“东坡宴”受到广大游客青睐。2018 年，“东坡园”获评省级三星级餐饮型乡村旅游经营单位，且被评为全省旅游扶贫示范村。

作为村民的集体产业，“东坡园”的经营收入不仅装进了大家的口袋，还带动了一批村民在家门口就业。近年以来，东坡村借中央惠农政策东风，多措并举，2018 年通过检查验收顺利退出贫困村。

今后，东坡村将坚持实施乡村振兴战略，打好产业扶贫、就业扶贫、生态扶贫、易地扶贫搬迁、金融扶贫五大硬仗，做好基础设施、公共服务、组织领导、支持政策、后续工作五项保障，坚持把村基础设施建设与脱贫攻坚工作有机结合起来，继续加强道路硬化、饮水安全、环境卫生等基础设施和公共服务设施建设，让群众过上更加美好幸福的生活。（曲长利 张玉 文 孙凯 图）

美丽乡村　幸福家园

仲夏时节，在湖滨区会兴街道东坡村，放眼而望，整个村落犹如一幅美丽的画卷：道路平坦整洁，门前竹篱笆美观别致，绿树掩映下的村落散发出迷人容颜……

东坡村的喜人变化，正是湖滨区大力实施乡村振兴战略的一个缩影。如今，行走在湖滨区乡村，“乡村景色美如画，幸福生活甜如蜜”的场景已成为亮丽的风景线。

乡村旅游让农村的发展前景更广阔

7月的气温一天热过一天，比这气温更高的是东坡人发展乡村旅游的热情。在东坡村一处特色民宿建设工地上，工人正顶着烈日挥汗如雨加紧施工。

“计划7月中旬开业，一期一共修建了26间民宿，目前已经预订出去17间了，还有旅行社和摄影爱好者不断在联系，销路没有一点问题。”东坡村党支部书记、天鹅湾旅游开发公司负责人曹社路告诉记者。

天鹅湾旅游开发公司成立于2018年5月，是村民集体入股的股份制公司。一年来，该公司不仅兴建了东坡园特色餐饮园，用半年时间为村集体经济创收5万余元，还为本村村民特别是贫困户提供了10多个就业岗位。“在家门口就业，既能照顾家，开销又小，比外出打工要划算多了！”在东坡园工作的贫困户宁小燕高兴地说。宁小燕在外打工多年，公司成立后，她便主动辞掉外面的工作，积极学习农家菜烹饪技术和餐饮管理知识，现在已经在东坡园做到了餐厅领班。

“这得益于村民观念的转变，从传统农业到乡村旅游的转变让东坡村找到了发展的新路子。”曹社路说，巧用“苏东坡”文化品牌发展乡村旅游，在东坡园特色餐饮的基础上，发展小火车观光旅游、特色民宿和拓展训练基地，形成吃、住、游、玩一体化休闲产业，这就是东坡村正在走的路。

今年以来，磁钟乡贾庄村一处20世纪60年代的两层建筑引起社会的关注。这里曾经是知青生产和生活的地方，现在大家叫它知青楼。6月25日，一群特殊的客人走进知青楼，他们是曾经在这里挥洒过青春和汗水的贾庄村三队知青。大家重聚在这里睹物思情，共忆峥嵘岁月。

“贾庄村集体经济薄弱，收入来源主要依靠扶贫资金入驻企业的分红，缺乏具备本村特色、竞争力强、带贫效益显著的村集体产业。”贾庄村第一书记王志超告诉记者，经村“两委”深思熟虑，决定利用现有两层知青旧居的26间砖砌窑洞为基础，着力营造当年知青上山下乡氛围，发展集特色旅游观光、农家乐、休闲采摘、住宿为一体的知青文化旅游产业。

古树、古庙、古村，在高庙乡位家沟村唐洼自然村，有这样一个神奇的村落。村东南角有一棵千年古柏，村东北角有一座千年古寺，二者遥相呼应。俯瞰唐洼，古树参天，民居错落有致，道路蜿蜒，因景色宜人，中央电视台科教栏目组曾多次赴唐洼实地取景。

"村里生态资源得天独厚，发展乡村旅游优势很明显。"位家沟村村委会主任贾其明说，目前他们正在跟一家公司就整村的民宿、康养项目积极洽谈。

"乡村振兴就是要树立'绿水青山就是金山银山'的绿色发展理念，把握生态宜居定位，不断改善农村人居环境，积极倡导绿色生活方式，以发展乡村旅游为支撑，努力实现农业强、农村美、农民富的美好愿景。"湖滨区委书记亢哲楠说。

近年来，湖滨区以"全域旅游"思路建设美丽乡村，村容村貌、基础设施、美化亮化得到了完善提升，已经打造出美丽东坡、田园马坡、休闲王官、康养位家沟等一些独具特色的示范村，形成沿黄观光旅游产业带。目前，全区建成中国"金牌农家乐"5家、省级星级农家乐7家，共辐射带动1473户农民投入此项产业。

回乡创业让农民成为受欢迎的职业

"返乡创业惠乡亲""创业还是家乡好"……在今年春节期间，湖滨区各乡村都在显要位置悬挂出了鼓励乡土人才返乡创业的横幅、海报，使一批在外工作的退伍军人、个体经营者、优秀农民工对家乡的新发展、新变化、新需求有了更充分的了解，回乡创业的信心更加充足。

"在城市打拼了多年，早已厌倦了车水马龙。现在回村创业，生活安静恬淡，还能带动周围的贫困户创业致富，一样可以实现人生价值。"6月25日，在会兴街道东坡村特色民宿"归园田居"门前，记者见到了它的主人石亚萍。

走进"归园田居"，犹如进入陶渊明所描写的世外桃源。"让东坡村宜人景色成为民宿'招牌'，发展前景广阔！"石亚萍对回乡创业开民宿充满信心。

在该民宿一处民俗陈列室，记者看到布老虎、老虎鞋、蒸花馍等农村传统工艺民俗产品。"我蒸的花馍，平时卖得非常好，每逢节假日更是供不应求。"石亚萍说，为了带动贫困户脱贫致富，她把这些传统的手艺无偿地教给大家，现在已有几名贫困户长期在这里务工。

在东坡村，还有一个特殊的农民，就是返乡创业大学生张文卯。

今年32岁的张文卯毕业于河南科技学院园林设计专业，2011年大学毕业的他在市区开了一家托辅班。为了让孩子们领略"新式"农业的神奇，他尝试着在阳台上种植芽苗菜，建设鱼菜共生系统。

在不断摸索过程中，张文卯慢慢产生了想发展农场创客产业的想法。深思熟虑后，2017年张文卯决定放弃托辅班，回老家东坡村实现自己的梦想。

2018年，一个以创造者自由发挥潜能的创客基地“自由自造创客营”在这个小山村诞生了。现在创客营已建起了以大棚鱼菜共生系统、创客制作坊、生态泳池和水族产品开发为主的核心项目。

“你放心发展，我以个人名义给你担保贷款，全力支持你！”亢哲楠听到张文卯创业发展遇到资金瓶颈时，脱口而出。

“创客营已经连续举办了7期活动，每一期都生源爆满，家长和孩子们都很喜欢。张文卯不但脱了贫，而且于今年6月初偿还了小额贷款，并被推荐为东坡村致富带头人。”驻村第一书记刘素红说。

“学点真本领，在家创业当老板……”今年以来，在湖滨区人力资源和社会保障局举办的新型农民技能培训班上，前来听课的农民纷纷提出了对乡村振兴的新见解。据了解，湖滨区今年先后举办各种技能培训63次，培训农民8000余人次，为乡村振兴战略纵深推进培养了“生力军”。

整村提升让乡村成为幸福的家园

“以前，茅房是农村最脏的地方，如今全村都用上了抽水马桶，既方便又卫生。”谈及家里改的新厕，崖底街道陈宋坡村陈水寿老人满心欢喜。

实施农村旱厕改造，不仅让村民用上了卫生厕所，更改变了村民的生活习惯和村容村貌。如今走在陈宋坡村，再看不到粪堆、垃圾堆，随处可见的是农民种植的鲜花和整洁的道路。

傍晚时分，伴着音乐的节奏和旋律，在交口乡北梁村新建的广场上，几十名村民跳起了健身舞。“几年前，到了晚上，村里的人吃过饭基本就待在家，想活动也没地方去。如今，全村老少的夜生活可是越来越丰富多彩了。”正在跳舞的赵大妈说起茶余饭后的生活喜不自禁。

在高庙乡黄底村，一道道文化墙变成了文化传承墙、美德教育墙、环境美化墙，成为村庄的风景线。

“去年，我们投入了100多万元对全村房前屋后6200平方米土地进行了硬化，改造了78个厕所，粉刷喷漆墙面5200平方米……”黄底村村委会主任郭社林说，经过一个多月的紧张施工，道路变宽了，村庄整洁了，路灯也亮了。

乡村振兴，生态宜居是关键。近年来，湖滨区以农村垃圾、污水治理和村容村貌提升为主攻方向，持续深入改善农村人居环境。目前，全区陈年垃圾已全部清理完成，农户改厕已接近尾声，三级“河长”全部到位，集中式饮用水源地达标率100%，黄河湿地自然保护区年度生态修复任务全面完成……

一座座休闲农庄喜迎宾客，一个个新型农民勤劳拼搏，一处处乡村美景亮丽如画……伴着热辣的阳光，乡村振兴的生动图景正在湖滨大地滚滚铺开。（杨国良　万军）

扶贫基地引来网红达人

“以前只是在街上或者超市的干果店见到过这种干果，从来还没吃到过这种新鲜美味的大杏仁呢。而且这里空气清新、环境优美，又能呼吸到新鲜的大自然气息，还能体验一把采摘的乐趣，真是一个缓解压力、释放烦恼、修身养性和悠闲度假的好地方。”网名小二毛的网红达人在湖滨区交口乡产业扶贫基地品尝着新鲜的大杏仁发自内心地说道。

2019年6月25日，湖滨区交口乡产业扶贫基地——三门峡富刚扁桃种植合作社，吸引来了郑州英瑟文化传媒有限公司拥有近千万粉丝量的全国30余名主播网红达人齐聚这里，让即将成熟上市的美国大杏仁也过一把“网红果”瘾。

富村位于湖滨区交口乡西南塬上，总面积13.5平方公里，耕地面积5500亩，人均耕地面积1.6亩，是曾经的省级贫困村。

2013年，为了促进产业发展，该村党总支书记邓建刚经过前期市场考察，上网搜集、学习有关资料，通过多种渠道分析研判市场行情，成立了富刚扁桃种植农民专业合作社，带领全村村民种植扁桃。该村将村民将自家闲置的土地，以土地流转的形式整合到一起，形成连片种植，使种植效益最大化，让更多党员和群众加入到种植扁桃的热潮中。

2016年，该合作社被湖滨区政府命名为产业扶贫基地。2017年，在该村党支部的引领下，扁桃种植园扩建至700余亩，总投资达360余万元。同时，为了进一步增加村集体经济收入，该合作社在扁桃园林下养殖农家生态土杂鸡8000余只，成功闯出了又一条脱贫致富路。

“该合作社成立以来，已带动20户贫困农户积极参与，每年到户分红700元，连续分红7年。同时带动15名贫困人员长期务工，每年增收15000余元。”湖滨区交口乡富村党总支书记邓建刚介绍到。“目前，富刚扁桃种植农民专业合作社和河南巴旦木生态农业科技发展有限公司签订了合作协议，并于今年3月初建立了育苗基地80亩，培育扁桃树苗60万株。”

“富村作为曾经的省级贫困村，通过产业发展、产业带动，村民们脱贫致富了，该村2018年11月份也成功退出贫困村行列。像富村这样，通过产业带动、入股分红等形式，我们乡通过政府引导、因地制宜，在全乡已建立产业扶贫基地15个，带动452户分红，带动404人就近务工，一条完整的新型生态链已初见成效。”交口乡党委书记张永星说道。（郑素丽）

陕州区

陕州区位于河南省西部黄河南岸，隶属于三门峡市；东与渑池县交界，西与灵宝市接壤，南依甘山与洛宁县毗邻，北临黄河与山西省平陆县隔岸相望，东西南三面环抱三门峡市区和湖滨区。地处北纬34° 24′至34° 51′，东经111° 01′至111° 44′，东西长65.25公里，南北宽48.8公里。

陕州区地势南高北低，东峻西坦，呈东南向西北倾斜状。地貌基本可分为山区、丘陵和原川3种类型。山区为中山和低山。中山分布于南部；低山分布于东北部。丘陵主要分布在东部，最高点马头山海拔为881.5米、熊耳山海拔为885.3米；西部为原川区，本区黄土层厚约20米至70米，地面由南向北呈阶梯降落。海拔最低308米，最高为

1466米，相对高差为1158米。

陕州区地处中纬度内陆区，属暖温带大陆性季风气候。

陕州区河流属黄河水系。陕州区共有大小河流33条，西部和北部流域面积1039平方公里，内有大小河流20条，其中流域面积在100平方公里以上的3条。

截至2013年7月，境内发现矿产地164个，其中中型矿床13处，已发现矿藏32种。

境内地热矿泉水分布区域面积约4.1平方公里，泉口水温65℃左右。经国家有关部门检测，水中富含钾、钠、钙、镁等对人体有益的宏量和微量元素，适宜饮用和洗浴。

陕州区植物属华北植被类型，境内有植物700余种，分种植作物和树木两大类。种植作物为粮食作物、经济作物、蔬菜、食用菌、药材等；陕州区共有树种400余种，分用材林和果树两大类。用材林为泡桐、大叶杨、国槐、刺槐、椿树、楸树、箭杆杨等；果树为苹果、桃、杏、梨、柿、核桃、枣等。（钟河）

向新时代交出脱贫攻坚优秀答卷

坚决打赢精准脱贫攻坚战，是陕州区必须扛起的政治担当、发展担当和民生担当，必须动员全党全社会力量，坚持众志成城，激发内外互动、同频共振攻坚合力，确保如期全面建成小康社会。

当前，陕州区脱贫攻坚已经到了最后冲刺冲锋、决战决胜的紧要关口，我们要谨遵习总书记和党中央的号令，在总书记留下的考卷上努力作答，以贫困不除、愧对历史的使命感，群众不富、寝食难安的责任感，奋勇担当、顽强作战，共同书写更加幸福美好的生活。

一鼓作气、顽强作战，誓夺脱贫攻坚全面胜利。入之愈深，其进愈难。脱贫攻坚战打响以来，陕州区上下坚定落实中央、省委、市委打好打赢脱贫攻坚战的决策部署，全员上阵、全力攻坚，开辟了陕州区扶贫事业的新天地，39416 名贫困人口实现脱贫，14 个贫困村退出贫困序列，贫困发生率由 2017 年年底的 7.28% 降至 3.36%，随着收入的增加和教育、医疗、危房改造等政策的落实，贫困群众的生活质量越来越高、人居环境越来越好、日子越来越有奔头，这饱含着全区广大党员干部群众的辛勤汗水和奉献付出，体现了陕州区党员干部的政治觉悟、为民情怀和责任担当。当前，我们要在产业扶贫和基础设施方面下功夫，不断壮大农村集体经济，确保全面建成小康社会目标如期实现。

打责上肩、尽锐出战，掀起决战决胜磅礴之势。脱贫攻坚战进入攻城拔寨的总攻阶段，全区上下要逐级落实“县级层面领干督干、行业部门牵干帮干、乡镇层面主干实干、村级层面包干精干”的责任，人人肩上扛担子、一切行动听指挥，紧跟决战旗帜奋勇向前。

区脱贫攻坚领导小组作为“司令部”，书记和区长是第一责任人，13 个专项小组是我们发起总攻的 13 个方面军，推进指挥部是“参谋部”和“作战部”，四大班子所有县级干部要履行好分管职责，与分包乡镇分包村和联系群众并肩作战。乡镇村是脱贫攻坚的主战场，13 个乡镇党政主要负责同志必须扛起主责；行业部门要立足职能，发挥优势，确保每名贫困群众都能享受到政策红利和党的温暖；我们的 84 个贫困村和 169 个面上村，责任组长与第一书记、村支部书记、村委主任、信贷管理员、驻村队员要承担该村脱贫攻坚的所有任务，用

张汴乡草莓基地（肖伟　摄）

张茅乡针织课堂（王建栋　摄）

本李村乡新社区（王建栋　摄）

勤劳智慧的汗水换来脱贫攻坚的绝对胜利。

锁定目标、背水一战，拿出精准脱贫优秀答卷。脱贫攻坚是一场大仗、硬仗、苦仗、恶仗，必须讲究战略和战术。习总书记强调："攻坚战要用攻坚战的办法打，关键在准、实两个字；只有打得准，发出的力才能到位，只有干得实，打得准才能有力有效"。要决战决胜脱贫攻坚任务，我们必须明确目标、抓住重点、各个击破、完美收官。

行百里者半九十，越到后面扶贫任务就越艰巨。2020年全部消除贫困、全面建成小康、兑现党的承诺，是我们必须实现的总目标，也是检验广大干部担当作为的"试金石"。我们今明两年要牢牢坚持以脱贫攻坚统揽发展全局，穷尽力量资源，确保目标如期实现。各乡镇要扛稳主干责任，相关行业部门要确保政策精准落实，我们要全面打好产业扶贫、易地扶贫搬迁、就业扶贫、金融扶贫、环境整治、扶智扶志、党建基层基础七场硬仗，以人民的名义向贫困宣战，带领全区广大群众致富奔小康。

苦干实干、浴血奋战，谱写陕州脱贫壮丽华章。中国共产党自始至终都把消除贫困、实现共同富裕作为矢志不渝的奋斗目标，全区广大党员干部要始终保持清醒头脑和昂扬斗志，以铁的纪律、铁的作风浴血奋战、奋勇向前。

深度贫困村是脱贫攻坚"硬仗中的硬仗""短板中的短板。"陕州区上下要拉高工作标杆，下足绣花功夫，把精准扶贫、

新陕州（王琳 摄）

精准脱贫的要求，落实到脱贫攻坚的全方位、全过程，全面提升脱贫攻坚工作的精准度、社会的认同度、群众的满意度。全区扶贫干部要深接地气，心贴心地与贫困群众沟通交流，县级干部和各部门“一把手”，要深入各自分包点、联系户，帮助群众解决问题。我们要坚决打赢这场没有退路的背水之战、攻城拔寨的决胜之战、消除贫困的全民之战。

新时代是奋斗者的时代，陕州大地是奋斗者的舞台，我们要以“咬定青山不放松”的韧劲、“不破楼兰誓不还”的担当、“敢教日月换新天”的气概，合力攻坚，坚决打赢脱贫攻坚战，为全区人民交上一份满意答卷，以优异成绩向人民汇报！（骆玉峰　中共三门峡市陕州区委书记）

不忘初心牢记使命
坚决打赢脱贫攻坚战

三门峡市陕州区83.7%的国土面积属丘陵山区，2013年被确定为河南省“三山一滩”扶贫重点县，现有省级贫困村54个、深度贫困村64个（其中与省级贫困村重合34个）。2018年底动态调整后，全区共有建档立卡户（贫困户、脱贫户）15877户49272人，已脱贫11723户39416人，未脱贫4154户9856人，贫困发生率由2017年底的7.28%降至3.36%；共建成39个集中安置点，对4240户14626人贫困人口实施易地扶贫搬迁。共投入扶贫资金124643.9万

元中央23384.8万元、省级16029.2万元、市级8345.9元、区级14462万元，融资资金62422万元），其中项目资金110571.1万元，易地搬迁14072.8万元，基本实现全区“五有六通”基础设施和公共服务全覆盖。

2019年以来，陕州区深入贯彻党的十九大精神和习近平总书记关于扶贫工作重要论述，认真落实中央、省、市《脱贫攻坚三年行动计划》和关于打赢打好脱贫攻坚战的各项决策部署，认真落实“五个一批”“六个精准”总要求，坚持把贫困群众脱贫、贫困村退出作为主攻重点，集中火力下苦功、出真招、求实效，打出了脱贫攻坚“组合拳”，取得了实实在在的成效，现将陕州区2019年脱贫攻坚上半年工作总结如下：

坚持高位推进，强化责任担当。

陕州区坚持以脱贫攻坚统揽经济社会发展全局，明确区委、区政府主要领导是第一责任人，区委常委对脱贫攻坚工作负主要责任，区脱贫攻坚指挥部领导是脱贫攻坚工作的直接责任人，区四大班子领导对所分包乡镇和联系村脱贫攻坚工作负领导责任和指导责任，建立了主要领导亲自抓、所有常委参与抓、四大班子齐上阵的工作机制。扎实落实区委书记遍访贫困村、乡镇党委书记和村支部书记遍访贫困户，在全区推动形成了“区委统筹、常委人人有责、政府抓落实、干部沉到底、社会齐参与，全力以赴抓脱贫攻坚”的工作格局。一是压实攻坚责任。陕州区研究制定了《关于进一步明确脱贫攻坚责任体系的实施意见》，将脱贫攻坚责任体系进行分解细化，再次明确了区、乡、村各级脱贫攻坚工作任务，全面厘清了各级脱贫攻坚责任，压实了县级领导、

13 个脱贫攻坚工作组和脱贫攻坚工作指挥部、行业扶贫单位、乡镇党委政府、村级脱贫攻坚责任组、第一书记、驻村工作队、帮扶责任人以及定点扶贫单位的职责，全区逐级落实县级层面领干督干、行业部门牵干帮干、乡镇层面主干实干、村级层面包干精干的责任，为全区脱贫攻坚工作开展提供了组织保障。区委、政府、区脱贫攻坚领导小组、13 个脱贫攻坚工作组和脱贫攻坚工作指挥部定期召开会议，研究部署脱贫攻坚工作。2019 年先后召开区委常委会 14 次，区政府常务会议 8 次、区脱贫攻坚指挥部例会及专题会议 37 次，研究脱贫攻坚工作机制、重点工作以及工作推进中存在的困难和问题；县级领导每周下乡调研 1 天，通过调研督导、

现场办公、专项交办等形式，研究会商所联系乡（镇）、村、户的脱贫攻坚工作，解决脱贫攻坚实际困难和问题；在乡镇创新建立了“2+2+7”乡镇脱贫攻坚指挥专班（“2”指各乡镇党委书记、乡镇长，“2”指各乡镇主管扶贫工作的党委副书记、副乡镇长，“7”指 7 名专职扶贫干部），明确专人负责脱贫攻坚工作，进一步压实责任，死包死打，全力推进脱贫攻坚重点工作任务的落实；在全区 253 个有脱贫攻坚任务的行政村全部成立脱贫攻坚责任组，吃住在村，全包全打全包干，理思路、谋发展、找项目、促脱贫，打通精准扶贫的“最后一米”。二是制定政策体系。出台了《三门峡市陕州区脱贫攻坚政策》，围绕贫困村退出“五有六通”、贫困人口脱贫“两不愁、三保障”目标标准，对照重点行业部门职责，制定了行业扶贫政策清单、工作标准清单、服务菜单，并编印成书发至各乡镇、各村及帮扶责任人，要求各行业部门认真做好政策指导，扎实推动各项扶贫政策落实，做好查漏补缺，全面提高脱贫攻坚质量；制定了陕州区脱贫攻坚“1+N”工作方案，“1”就是《陕州区 2019—2020 年脱贫攻坚工作实施方案》，是要遵循的总纲领，“N”就是 16 个重点行业部门的具体方案，对近两年我们要干的 12 项重点工作作了进一步明确。三是夯实攻坚基础。各乡镇党委政府、18 家重点行业扶贫单位，向区委区政府递交了军令状；召开了全区决战决胜脱贫攻坚誓师大会，成立了 13 支脱贫攻坚战队和 253 个特战队，以“千磨万击还坚劲”的意志和“卧薪尝胆终吞吴”的决心，坚决打赢打好脱贫攻坚翻身仗；部署开展“大入户、大走访、大排查、大化解”专项活动和联户帮扶“五个一”活动（吃一顿亲情便饭，办一件实事好事，讲一次扶贫政策，算一笔收入账，搞一次环境整治），进一步找准工作弱项，补齐工作短板，夯实工作基础，推进脱贫攻坚各项工作、责任、政策全面落实，推动全区脱贫攻坚工作全面提升，坚决打赢打好脱贫攻坚战。四是严格奖惩兑现。印发了《陕州区脱贫攻坚奖惩办法》，明确要求，对在上级考核评价中做出突出贡献，以及在市、区组织的脱贫攻坚暗访督查、现场观摩、中心工作推进等工作中成绩显著的个人，将给予奖励和表彰，并作为干部选拔使用的重要依

据，让工作有力有效的各级各部门干部在政治上有荣誉、受重用。对脱贫攻坚工作中不负责任、造成不良影响的，依纪依法追究相关部门和人员责任；在陕州区决战决胜脱贫攻坚誓师大会上，经区委、区政府研究，对宫前乡、大营镇寺古洼村等3个村、刘永恒等74名陕州标兵予以表彰。

深化党建引领，激发攻坚活力。

树立鲜明导向，坚持在脱贫攻坚一线锤炼、考察和提拔使用干部，2019年机构改革期间，全区共调整干部483人，涉及脱贫攻坚干部115人（第一书记63人），占比24%，其中，提拔脱贫攻坚一线干部18正18副，提拔第一书记11正27副，同时将15名引进人才、12名大学生村干部转岗事业单位工作人员，260名自收自支人员，充实到区乡扶贫工作岗位，并将新提拔的副科级干部下派到脱贫攻坚战场接受考验，真正把好钢用在刀刃上。二是村级干部领干。把强化基层党建与推进脱贫攻坚紧密结合，采用“党支部＋合作社＋贫困户”的模式，积极用好农村党员积分管理、村党组织办实事惠民生等机制，真正发挥党建工作在脱贫攻坚中的引领作用。三是驻村队伍帮扶。为12个乡镇配备了扶贫专职副书记；在96个村

中派驻第一书记，在省级贫困村、深度贫困村和“软弱涣散”村实现了全覆盖；在84个贫困村组建了脱贫攻坚驻村工作队，引导和促进政策、资金、人才、技术等向贫困地区倾斜。四是扶贫干部培训。2019年先后举办了全区扶贫干部培训班、创业致富带头人培训班等，聘请组织部、纪检委、卫健委、人社局、教体局等单位业务骨干，对全区84个贫困村驻村工作队、扶贫专干、软弱涣散村第一书记、各行政村村支书、区直单位扶贫协调机构主管领导、帮扶村牵头副科级干部（扶贫专干）、各乡镇主管领导、扶贫办主任、扶贫业务骨干、帮扶责任人及创业致富带头人进行了培训。截至6月底，全区共完成扶贫干部培训30期5329人次。五是责任组长抓总。进一步完善700余人的脱贫责任组，由乡（镇）副科级以上或副科级后备干部任组长，村支部书记、村委主任、第一书记、驻村队员、党员骨干、经济能人等为成员，打通精准扶贫的“最后一米”。六是定点扶贫保障。全区102家定点扶贫单位、4394名帮扶责任人，实现对全区建档立卡贫困户帮扶全覆盖；由财政出资300余万元，对扶贫工作中成绩突出的单位和个人进行表彰，通过树立典型、示范带动，推动全区定点帮扶工作深入开展。

狠抓工作落实，凝聚攻坚合力。

产业是强区之本、致富之源、脱贫之基，我们坚持把产业扶贫作为脱贫攻坚的重点工作来抓。一是科学谋划“五区一带”工程。我们的总目标是攻坚期内，建成50万头优质畜禽养殖示范区、30万亩优质果品种植示范区、20万亩木本油料种植示范区、15万亩中药材种植示范区、10万亩蔬菜种植（休闲农业）示范区以及沿国道、

省道建成密集型产业带。目前，已建成以河南羽丰禽业有限公司等为龙头的31个优质畜牧养殖基地；以二仙坡绿色果业有限公司等为龙头的22个优质果品基地（“二仙坡绿色果业”已流转土地13000余亩，零散使用贫困户工人400人，长期使用贫困户工人200人，累计发放工资600余万元，形成了带贫效果显著的“二仙坡”模式）；以九龙山农业科技有限公司等为龙头的10个木本油料基地；以河南太龙药业股份有限公司等为龙头的23个中药材种植基地；以陕塬文化旅游有限公司

等为龙头的35个旅游休闲基地，沿国道、省道建成以三门峡市升顺服饰有限公司等26个劳动密集型加工业基地。二是深入推进“百千万”工程。按照全市建设100个扶贫培训就业基地、1000个扶贫产业就业基地、1万个产业扶贫增收大棚要求，陕州区已建成培训就业基地24个、产业就业基地206个、产业增收大棚2579个（西张村镇庙洼村已建成蔬菜大棚163个，聘请了有“蔬菜大王”之称的省劳动模范樊秋红为长年技术顾问，与深圳连城农业贸易公司签订订单农业协议，激发了群众发展“高山绿色蔬菜”积极性，有效地提高了群众的收入）。三是大力实施贫困户自主发展产业项目（到户增收）。2019年，陕州区已实施贫困户自主发展产业项目40个，共申请财政补助资金460.3521万元，涉及12个乡镇，带动贫困户3148户。其中种植类项目30个，申请资金272.7712万元，带动贫困户2653户；养殖类项目10个，申请资金187.5809万元，带动贫困户495户。

按照“政银联动、风险共担、多方参与、合作共赢”的工作思路，建立“政银”两位一体风险分担机制，完善风险防控和监管体系；加强三级服务体系建设，与区人社局转移就业村级信息员相结合，公开选拔村级金融专干（贫困村每月1500元，非贫困村每月1000元，），真正实现了金融扶贫专人管；设立还贷周转金100万元，着力解决农户续贷难的问题，截至目前已有14户农户使用了还贷周转金；加强贷后监管，确保农户实际贷款用途与申请一致；积极争取和用足用活市级金融扶贫支持和倾斜政策，着力破解“1+1”金融扶贫贷款难题，确保有信贷需求且符合信贷条件的贫困户“应贷尽贷”。截至目前，全区共累计发放扶贫小额信贷2700笔、9829.2万，“非贫困户带贫1+1”2103笔、10505.2万元，共计4803笔、20334.4万元，累计户贷率为37.27%。2019年元月至6月底，新增户贷户用662笔、2707万元、“1+1”599笔、2985万元，合计1261笔、5692万元。2019年农业小麦保险共参保贫困户6483户、参保面积4.25万亩，补贴共计17.8万元，已经发放到位。

陕州区“十三五”期间易地扶贫搬迁人口4240户14626人已全部搬迁入住，同时严格按照能拆尽拆的原则，全面进行拆旧复垦工作，验收合格后及时兑现拆旧奖补资金。全区坚持把劳动力转移就业和产业扶贫基地作为易地搬迁后续帮扶措施的重点，结合产业扶贫“百千万

工程”，做好后续帮扶产业“五个一”工作，努力实现搬迁群众“搬得出、稳得住、能致富、生活好”，目前全区“五个一”后续帮扶产业项目对易地扶贫搬迁户已达到全覆盖，户均项目2.4个。制定并下发了《关于进一步规范易地扶贫搬迁安置点管理机构的通知》，对安置点五新打造做了进一步明确要求，并组织相关人员进行安置点后续管理建设观摩学习，组织开展易地扶贫安置点“四个一”活动(每个月组织一次户容户貌整理和环境卫生整治活动、每个季度

开展一次搬迁户遍访活动、每半年组织一次安置点集中活动、每年组织一次搬迁户“创先争优”评比活动)，进一步找差距、补短板，提升易地扶贫搬迁后续管理工作整体水平，做好“五个新”创建工作和后续管理服务工作。

行业扶贫是脱贫攻坚的重要支撑，陕州区积极落实行业扶贫职责，逐项细化行业扶贫方案，推动各项行业政策在贫困村精准落地、到户见效。教育扶贫方面：今年以来，共资助贫困学生7573人次（含建档立卡学生6687人次），发放资助资金397.864万元。“全面改薄”建设类项目共争取上级资金1626万元，目前已全部完成。健康扶贫方面：畅通“一站式”就医绿色通道，积极推行“先诊疗、后付费”和“一站式”服务。目前，除3个卫生室正在完善整改外，84个贫困村卫生室达到全覆盖，同时对85个非贫困村的卫生室进行改造，预计7月底完成；上半年全区共收治贫困人口住院患者1403人次，累计免收住院押金132.1万元；实施贫困群众住院患者基本医疗保险、大病保险、大病补充保险、医疗救助、大病兜底医疗报销五重医疗保险政策政策；为贫困人口患25种大病478人进行救治，大病救治率100%；贫困家庭新生儿疾病免费筛查139人；截至6月底共开展疑似慢性病鉴定工作3次，通过集中办理和上门办理，为3182名疑似慢性病贫困群众进行鉴定，1302人符合标准并办理慢性病鉴定卡，不符合标准的注明原因且逐人发放告知书。危房改造方面：坚持农村危房改造标准，积极推进住房保障脱贫。2016–2018年，陕州区累计完成危房改造2831户。2019年经再次排查认定危房694户（C级400户、D级294户），其中建档立卡贫困户为406户（C级228户、D级178户），非建档立卡贫困户为288户（C级172户、D级116户）。截至7月2日，已开工194户，开工率为28%；竣工67户，竣工率为9.67%。社会保障方面：坚持农村低保线和扶贫线“两线合一”（2018年为3450元，2019年为3860元），逐年提高低保金及特困供养金标准，今年以来，共为农村低保对象6365户8271人累计发放农村低保金1067.4万元；发放特困供养金721人207.6万元，其中，集中供养175人52.9万元，分散供养546人154.7万元；发放残疾人补助资金264.1万元，其中，困难残疾人生活补贴3306人121.8万元，重度残疾人护理补贴4040人142.3万元；农村医疗救助共救助277人64.5万元，

临时救助90人14.95万元；共缴纳参合基金47.3万元，其中农村低保对象10337人31.1万元（每人每年30元），农村特困供养人员733人16.2万元（每人每年220元）。转移就业方面：全区现有贫困劳动力25261人，已就业22770人，未就业2491人（无劳动能力和就业愿望）。今年以来，全区累计开发安置贫困村公益性岗位197人；举办农村劳动力就业技能培训班24期，培训农村贫困劳动力1160人，举办农村贫困劳动力SYB创业培训班3期，培训贫困劳动力170人，并全部取得就业

技能培训合格证书；审核发放一次性创业补贴2家，补贴共计10000元；为22名贫困劳动力创业者发放贷款266万元。

陕州区坚持把完善贫困村各项基础设施建设作为推进脱贫攻坚的突破口，重点实施水、电、路等基础设施建设工程，不断加强基础设施建设。截至目前，贫困村"五有六通"中，通电、通电视、通宽带已经实现全覆盖。其他六通情况：通水。2019年度计划实施安全饮水项目48个3824万元，目前已批复实施项目39个3079万元，未批复9个，预计7月底批复实施，年底全部项目竣工后可解决84个贫困村安全饮水问题及水利灌溉问题；通路。2019年批复交通类项目38个，投入财政资金3195.7万元，其中37个村道道路硬化项目57.95公里，1个涵洞项目长150米。目前已完工13个，已开工9个，未开工16个，年底全部项目竣工后可解决84个贫困村出行问题；通班车。目前刘家河村、大石涧村和白石崖村3个村不通班车，交通部门通过预约班、学生班、赶集班、周末班等形式解决出行需求，预计7月底所有贫困村基本达到通班车条件；五有情况：综合文化服务中心、标准化卫生室、村医、主导产业、村集体经济均已全覆盖。项目建设情况：2019年度陕州区计划统筹整合资金21397万元，截至6月底，已批复项目272个15448.1万元，已对接资金项目194个8432万元，拨付资金3715万元，资金拨付率44%。已开工173个，其中已完工125个，开工率89%，完工率64.4%；未开工项目21个（正在设计预算9个，正在财政评审7个，正在招标5个）。未对接资金项目78个7016.1万元，其中正在设计预算14个，正在财政评审15个，正在招标27个，已开工14个（其中已完工8个）。

陕州区持续动员社会各界人士注册"中国社会扶贫网"；开展消费扶贫春节慰问活动，累计购买贫困群众农特产品价值64.6万元；协调中扶好大电器有限公司为89个村免费安装净水器和太阳能路灯，目前已为51个贫困村安装了50个净水器和52盏太阳能路灯，并开展了安全饮水知识讲座；在全区开展了"万条棉被进万家"公益捐赠活动，为84个贫困村中的450个贫困家庭送去了450条棉被；建成"爱心超市"8个，累计筹集价值50.6万元的日常生活用品，为1250个贫困户兑换84579积分；组织6家带贫企业、农民专业合作社的10多种产品参加特博会展示，其中河

南远超炒货有限公司的销售额超3万元，并与多家本地及外地经销商达成合作意向，三门峡天地网中药材产业发展有限公司的丹参、板蓝根等产品热销，与郑州茶叶市场经销商达成丹参销售协议。

把减贫成效、典型人物、扶贫扶志等作为当前宣传重点，陕州区有针对性和创造性地开展扶贫宣传。2019年初，推出“冠军母亲”刘拴苗的扶贫故事，

引来媒体关注，在河南日报、大河报等主流媒体发表如《“冠军母亲”扶贫记》《世界冠军史梦瑶“打靶“归来话扶贫》等一系列稿件；在农民日报发表《奇迹般的地坑院》讲述旅游扶贫的故事，在新华网发表《特色蓝莓种植助脱贫》，在人民日报发表《让金融扶贫见实效可持续》，《二仙坡种出中国好苹果》等一系列稿件。截至目前，在河南省精准扶贫信息管理平台录入稿件432篇，其中中央级51篇、省级95篇、网媒286篇，陕州微扶贫公众号编发稿件87篇，为打赢打好脱贫攻坚战营造良好氛围。

坚持扶贫、扶志与扶智同向发力，陕州区以群众喜闻乐见形式广泛开展政策宣讲、文化下乡、移风易俗等活动，引导群众感党恩、听党话、跟党走，弘扬敬老孝亲等中华传统美德，激发贫困群众内生动力，营造劳动光荣、脱贫光荣的浓厚氛围。2019年在全区共开展基层宣讲巡演20余场、新时代文明实践活动2100余场次、志愿服务活动600余次、“志愿服务乡村行”活动2次，特色活动100余场次，“送戏下乡”182场、“红色文艺轻骑兵”助力脱贫攻坚惠民演出活动2场、“快乐星期天”主题活动180场、“送万福进万家”赠送春联1万余幅、“百姓文化云－陕州云”公益文化活动106场，组织300余人次参加“清洁家园”行动，制作移风易俗文化墙1000平方米、扶贫标语300条，组织村民签订了移风易俗承诺书；先后推出了“二仙坡苹果”“大营麻花”“柳林李子”“菜园面豆”“张汴玉米糁挂面”“宫前乡蓝莓”“陕州地坑院非遗”等一大批脱贫致富典型事例，推出了“刘拴苗”“赵洁”“任三狗”等一批脱贫致富典型人物，增强脱贫信心；同时在6月24日至28日组建由党校教师、理论骨干、村干部、驻村第一书记等6名成员组成的宣讲团，开展了“咱们一起奔小康”基层宣讲巡演活动，对全区13个乡镇、7个区直单位进行巡讲，2600余名干部群众受到教育。

2019年以来，陕州区共收到上级交办信访案件30件，区级自立信访件97件。其中，国办件1件，由市纪委正在办理；省办件8件，已办结7件（信访人满意4件，满意率57%，不满意3件），正在办理1件；市办件21件（易地搬迁5件，干部作风3件，精准识别5件，政策咨询6件，其他2件），目前正在办理6件（1件已上报，正在审核），已办结15件，满意13件，不满意2件。区级自立信访件已办结70件，满意55件，未办结27件。

今年以来，省脱贫攻坚成效考核反馈陕州区问题4大类28条，已全部整改到位。省脱贫攻坚第二督查巡查组暗访反馈陕州区问题6大类13条，截

至6月25号已全部整改完成。市督查巡查组暗访反馈陕州区问题169条，其中上级反馈问题整改不到位的18条，新发现问题151条。截至6月底，问题整改不到位的问题已整改完成12条，正在整改的6条，新发现问题已整改到位93条，正在整改58条（除易地搬迁需要长期整改的3条外），其余问题均在7月底前全面整改落实到位。

“大入户、大走访、大排查、大化解”专项活动开展以来，陕州区从5月14日开始，按照“查漏洞、补短板、提质量”的总体要求，在全区开展了“大入户、大走访、大排查、大化解”专项活动。活动开展以来，全区各乡镇、区直各单位严格按照方案要求，组织各级帮扶责任人和机关干部，对全区256个行政村的所有建档立卡贫困户和非贫困户逐村逐户逐项排查，村村过、户户查、项项核，并逐户填写入户调查表。同时区脱贫攻坚领导小组抽调区脱贫攻坚督查巡查组人员及财政局、教体局、民政局、人社局、住建局等重点行业部门业务骨干组成联合督查组，对各乡镇、区直各部门问题排查整改情况进行督查督导，对发现的问题进行现场会商研判，由行业部门业务人员对问题如何整改进行现场指导，立查立改，查漏补缺，确保各行业政策落实到位。区驻村办抽调工作人员对帮扶单位、驻村工作队和帮扶责任人的进村入户核查进行督查督导，确保排查工作扎实开展。截至目前，全区已排查256个行政村（贫困村84个、非贫困村172个），走访入户87358户（贫困户15877户、非贫困户71481户），共排查问题28342条，已整改完成19162条，正在整改问题4971条，需要区级解决问题4209条。积极开展联户帮扶“五个一”活动，共组织4300余名帮扶责任人进村入户开展帮扶工作，累计为贫困户办实事好事5103件，通过与贫困户吃亲情饭、开展环境卫生整治办实事等，拉近了帮扶责任人与贫困户的距离，融洽了党群干群关系，提升了群众满意度和帮扶工作成效，为打好脱贫攻坚战奠定了坚实基础。（梅淑娥　文　肖伟　王琳　王建栋　图）

示范区产业带 脱贫致富全覆盖

“长短结合抓产业、依托龙头带农户、安置点前建项目、技能培训找出路、财政资金连万家、依靠政策保兜底。”近年来，三门峡市陕州区紧盯目标、加压奋进，完成产业扶贫建设任务，实现贫困群众产业全覆盖和脱贫致富。

结合区域特点、资源禀赋和产业基础，陕州区在全区规划实施“五区一带”产业项目，即：50万头优质畜牧养殖示范区、30万亩优质果品种植示范区、20万亩木本油料生产示范区、15万亩中药材种植示范区、10万亩蔬菜种植（休闲农业）示范区，以及沿国道、省道建成劳动密集型产业带（3个中心工厂、50个卫星工厂）。截至目前在西张村镇、西李村乡、观音堂镇、店子乡和宫前乡等乡镇打造优质养殖产业区，全区养猪8.35万头、养牛1.15万头、养羊3.43万只、家禽45万只，带动贫困户1240户从事养殖产业。以三门峡二仙坡绿色果业和三门峡市九龙山农业科技有限公司为龙头，在张茅乡、菜园乡、西张村镇、大营镇、张汴乡和张湾乡等乡镇打造优质果品种植产业区，全区种植优质果品15.67万亩，其中红梨6813亩，带动贫困户1220户从事果品种植产业。以西李村乡为中心，辐射张茅乡、观音堂镇等乡镇，依托资源和区位优势，建立木本油料生产区，全区栽植山桐子1万亩，带动贫困户97户202人；正在建设木本油料基地18个，已栽植18817亩，带动贫困户246户。以上海友荣集团和三门峡天地网中药材发展有限公司为龙头，以观音堂镇为中心，辐射西李村乡、宫前乡、店子乡等乡镇，采取“公司＋基地＋农户”的产业发展模式，打造中药材种植示范区，全区中药材1.36万亩，其中艾草3496亩，带动贫困户425户。以张汴乡、大营镇等乡镇为中心，依托资源和区位优势，发展特色采摘、家庭农场，打造以采摘为主的蔬菜种植产业区，全区播种蔬菜8.7万亩，种植食用菌3200万袋，带动贫困户653户从事蔬菜食用菌种植产业。在国道、省道沿线，建设劳动密集型产业带，全区已建成26个产业扶贫加工基地，带动贫困户266户；新开工建设加工基地8个。

巩固提升“百千万”工程

根据市产业扶贫基地建设“百千万”工程下达的建设任务：培训就业基地20个、产业就业基地200个、产业扶贫增收大棚2000个。陕州区按照“区有主导产业、乡有主导产品、村有专业合作社、户有致富项目”的要求，截至目前，共建成培训就业基地24个（任务完成率120%）、产业就业基地206个（任务完成率103%）、产业增收大棚2579个（任务完成率128.9%），带动贫困户2710户6512人务工增收。陕州区2018年下拨三门峡市产业扶贫基地奖补资金50.8万元，涉及产业就业基地2个、扶贫增收大棚40个；2019年已申请三门峡市产业扶贫基地奖补资金357.2万元，涉及产业就业基地20个、产业扶贫增收大棚191个；陕州区贫困户自主产业增收大棚奖补资金46.03万元，涉及贫困户自主产业增收大棚65个。

贫困户自主发展产业项目

2019年，陕州区已实施贫困户自主发展产业项目40个，共申请财政补助资金460.3521万元，涉及12个乡镇，带动贫困户3148户。其中种植类项目30个，申请资金272.7712万元，带动贫困户2653户；养殖类项目10个，申请资金187.5809万元，带动贫困户495户。

由于贫困村、贫困人口多在偏远山区，产业基础设施脆弱，抵御自然风险能力弱，农业产业化的规模不大、效益不高；部分产业基地项目、大棚项目带贫能力较弱。针对这一问题，陕州区一是加快基础建设建设，对照贫困村、贫困人口退出条件，围绕“六通五有”建设标准，进行调查摸底，细化到具体项目，对70个贫困村的基础设施和村集体经济建设，优先安排集体经济项目建设，确保经济收益，进一步补齐短板，圆满完成退出任务。二是提升“百千万”工程质量，根据《三门峡市产业扶贫基地资金奖补方案》文件要求，对全区的24个培训就业基地、206个产业就业基地、2579个扶贫增收大棚进行整改提升，增强产业扶贫基地的带贫能力。

陕州区的龙头企业还比较少，新型经营主体+农户的产

业带动模式仍处于起步阶段，品牌影响力不强，带动作用有限。如，陕州区“二仙坡绿色果业”虽已流转土地13000余亩，零散使用贫困户工人400人，长期使用贫困户工人200人，累计发放工资600余万元，但这样的龙头企业屈指可数，在全区的带贫能力有限。如，“陕州红梨”作为陕州区重点打造的特色品牌，到2020年规划种植面积达到5万亩，目前已发展1万亩，但品牌影响力还不强，在一定程度上影响了其带动贫困户脱贫致富的效果。针对这一问题，陕州区一是加大龙头企业培育，继续扶持培育一批辐射带动脱贫能力强的农业龙头企业和专业合作组织，大力推广“企业+基地+合作社+农民”等生产模式，强力实施“党建+电商”扶贫工程，特别是着重发展劳动密集型产业，不断提升产业扶贫带贫能力，帮助贫困群众稳定脱贫。二是提升农业品牌影响力，大力推广“二仙坡”模式和发展“陕州红梨”，全力打响“二仙坡苹果”和“陕州红梨”品牌。

虽然经过近年来的发展，在产业覆盖上实现了全覆盖，但是由于村情户情不同，各地发展基础有差异，目前还有部分贫困户虽有产业覆盖，但产业还比较薄弱，距离稳定脱贫还有差距。针对这一问题，陕州区一是加大奖补力度，制定了《三门峡市陕州区自主产业项目资金补助办法》（三陕脱贫组〔2019〕30号），将传统果品改造提升、老果园高接换头纳入补贴范围，并且增加了油菜、花生、豆类、高粱、传统果品套袋、水肥一体化相关设备等补助，进一步激发贫困户发展自主产业的积极性。二是加快实施“五区一带”工程，要求各乡镇坚决落实产业发展规划，圆满完成“五区一带”工程建设任务；围绕旅游业在张湾乡、张汴乡、西张村镇、店子乡、宫前乡等乡镇的旅游线上，发展种植油菜、向日葵等作物，打造旅游廊道；加快推进“巧媳妇”工程项目，引导贫困群众务工就业，促进致富增收。三是动员社会力量进行帮扶，发动社会各阶层关心关注脱贫攻坚，立足行业实际，持续开展“百企帮百村”活动，发动企业爱心人士认领贫困户，充分发挥“爱心超市”作用，在动员企业捐资600万元的基础上，加大农村环境整治，推动村容户貌大提升，坚定贫困群众发展产业脱贫的信心和决心。

多数贫困村外出人口较多，土地抛荒严重，贫困户老弱病残

多，受教育程度普遍偏低，科技意识不强，生产经营能力弱，抵御风险和自我发展能力脆弱；并且一些贫困户“等、靠、要”思想严重，发展产业积极性和参与度不高。针对这一问题，陕州区一是强化宣传教育，加大扶贫政策培训，着力培养懂扶贫、会帮扶、作风硬的干部，组建“咱们一起奔小康”宣讲团，深入各乡镇、各单位进行巡讲。二是注重宣传引导，先后推出了“二仙坡苹果”“马云飞”等一大批脱贫致富典型事例和典型人物，提升困难群众脱贫信心。三是坚持以文化人，用好文化阵地、文化平台、活动载体，大力推进公共文化服务，开展丰富多彩的文化活动，努力满足贫困群众对美好精神生活的向往，拍摄了《大喜盈门》《在路上》《两口子吵架》等扶贫节目，用精品艺术去影响人，让文化产业去带动人。四是抓好精神扶贫，持续加大“两个中心（所、站）”建设，在全区特别是在贫困户中开展“好婆婆”“好媳妇”“文明家庭”“十星级文明户”等评比活动，激发

贫困群众内生动力，鼓舞干劲，提升自我发展意识。

同时，将持续加强对产业扶贫督查督导力度，一是把产业扶贫作为区委、区政府督导的重要内容进行专项督导，压实乡、村工作责任；把产业扶贫工作推进情况作为各乡（镇）年度考核的重要参考指标，督促乡（镇）、村两级落实各项扶贫政策。二是区脱贫攻坚指挥部组织由发改委、财政局、人社局、农业农村局及扶贫办相关人员组成督查验收组，对全区的产业扶贫基地进行定期督查验收，对合格的产业扶贫基地进行奖补，充分调动新型经主体和贫困户的发展产业的积极性。三是从产业发展方面完成情况对乡（镇）党委、政府进行考核，考核结果排名通报。

陕州区 2017 年至 2019 年光伏扶贫项目共计 61 个，总规模 10400kw，涉及 40 个村，因政策变动原因，至今没有光伏电站纳入国家补贴，致使带贫成效不明显。上级应该在产业扶贫政策上加大对陕州区的支持力度，帮助他们进一步扩大扶贫产业规模、提升扶贫产业质量、强化扶贫产业支撑；同时在光伏扶贫项目的有关政策上帮助协调，确保相关项目建成见效，为产业扶贫作出贡献。（万军）

民居文化地坑院　脱贫攻坚摇钱树

“逛神奇民居地坑院，赏地平线下灯会，品陕州特色小吃，看豫西民俗文化表演……”近年来，三门峡市陕州张汴塬格外的热闹，全国各地游客蜂拥而来，以至于陕州城区宾馆爆满，就连三门峡市区也出现了一房难求的现象。

谁也想不到，昔日贫瘠的张汴塬一跃成为了令人心驰神往的旅游圣地。而在这场巨变中受益最大的无疑要数世代繁衍生息在这片土地上的群众。近年来，陕州区充分发挥文化资源优势，围绕脱贫攻坚、群众致富，着力打造陕州地坑院民俗文化园，让其成为一方群众致富的“摇钱树”。

以文化的自信打造自信的文化，让文化优势转变为发展优势

陕州地坑院源于穴居文化，和北京四合院、福建土楼、陕北窑洞，并称为民居史上的“四大奇观”。地坑窑院蕴藏着丰富的文化、历史和科学，是古代劳动人民智慧的结晶。作为豫西居住文化的符号，地坑院蕴藏着浓厚的文化积淀和丰实的文化内涵，而且衍生了独特的民间文化。

“正月里来无有花儿采，唯有迎春花儿开。奴有心采一枝头上戴，猛想起月季花月月开……”在这里，民间艺人黄亮娥一边拿着剪刀的剪纸，一遍唱着剪纸歌曲跳舞，曲罢剪落，一幅栩栩如生的剪纸作品就呈现在眼前。这里有着“中国剪纸文化之乡”的美誉，剪纸素材多以传统文化为主，体现着中原农耕文化的特征。

“梆梆梆……”民间艺人朱秀云手持棒槌，在案几上平铺一块棉布，上面放上植物的

叶茎和花瓣，用木槌敲打，几分钟就形成了一幅美丽的图案。朱秀云表演的是豫西农村一种传统的印染技艺捶草印花。她从田野里采摘“芊棒棒草”的叶子，夹在织布中间，用棒槌敲打出汁液，将嫩叶的形状、脉络印在织布上，再经过固色，一件捶草印花作品才能完成。

“垒砌长长的穿山灶，摆起铁锅一串串……”未到陕州地坑院景区，陕州锣鼓书传承人秦仙绸和她的表演团队激情上演的锣鼓书，音调高亢激越，摄人魂魄，时而紧张，时而舒缓。近年来，随着陕州地坑院的保护与开发，几乎失传的陕州锣鼓书粉墨登场，在地坑院民俗文化园大放异彩。

而在陕州澄泥砚展演现场，一块泥巴在民间艺人王驰手中三捏两揉，一个造型独特的砚胚便呈现在游客眼前。经过炉窑烧制，窑变奇异，坚硬如铁，观之如墨玉，击音如钟鸣。

在不远处的窑洞上，一支敲锣打鼓的迎亲队伍浩浩荡荡……

随着陕州地坑院“跃”出地平线，昔日的“泥腿子”端起了“文化饭”，他们守着千年瑰宝开始了新生活，或展演民间艺术，或从事民俗演艺……有着不菲的收入。

把易地搬迁与安置就业相结合，让失地农民在家门口就业

在张汴乡北营社区，一排排新建的两层楼房格外抢眼。走进村民杨冬梅的家中，他们一家正坐在沙发上一边唠嗑，一边看电视，过着悠闲自在的生活。

杨冬梅是陕州地坑院景区的搬迁户，2013 年，陕州地坑院景区开工建设，杨冬梅的地坑院被列入地坑院民俗文化园项目一期工程。杨冬梅乐呵呵地说：“政府在北营规划建设地坑院景区，让我们的生活发生了翻天覆地的变化，过上了城市人的生活。”

为做好群众的安置工作，陕州区在北营、陕塬和曲村规划建设 3 个社区，其中陕塬社区建房 130 套、北营社区 83 套、曲村社区 22 套。同时，配套建设了水、路、电等基础设施，群众居住和生活条件得到明显改善。

在陕州地坑院景区 3 号民俗院里，46 岁的保洁员蔡军亚精心打扫着院落。蔡军亚过去是这个院落的女主人，地坑院景

区建成后，她成了景区的保洁员。“自己在景区从事保洁工作，不用说比种地要清闲自在得多，而且每月有一份不错的收入。”

陕州地坑院景区所在的张汴乡北营村，过去是该乡最贫困的村子，土地贫瘠，道路凹凸不平，生产生活艰难。目前，北营村有230多名村民在地坑院景区从事保洁、保安等工作，实现了在家门口就业。还有很多群众在家门口摆摊卖麻花、蜂蜜、核桃、苹果等土特产，促进特色农产品的销售，增加经济收入。

陕州地坑院景区是陕州区倾力打造的一个龙头旅游项目。该项目已完成投资5.8亿元，主要包括休闲广场、22个地坑院组成的民俗园、马嵬驿（陕州）小吃街百味巷、陕州古街百艺苑等。随着地坑院景区的建设，当地的农民成了陕州区地坑院景区建设的最大收益者。

扶贫开发与地坑院整修相结合，大力发展独具特色的乡村游

在张汴乡曲村“陕塬人家”，74岁的薛菊莲一家忙忙碌碌，为游客准备“陕州十碗席”。

薛菊莲一家是世代居住在曲村地坑院的一户人家，自己的院子有上百年的历史，在这座地坑院已生活了50多年。借着曲村开发地坑院旅游机遇，她的孩子们筹资把院子整修了，办起了农家乐“陕塬人家”，生意红红火火，儿子、儿媳、侄子、侄媳齐上阵，自己也不顾年老体弱，兴致勃勃为游客摊煎饼、炸油食。

张汴乡曲村是省级贫困村。前两年，8村群众借助上级扶贫政策、危房改造和土地整理项目，整合资金300余万元，撬动群众投资1100余万元，对全村103座地坑院进行了修复性建设。群众围绕旅游开发大做文章，有的群众在院子里办起了剪纸展馆，有的建立了农耕文化展馆，有的搞起了农家乐，有的建成了窑洞宾馆，有的开起了五谷杂粮坊等。目前，该村50多户群众都摇身变成了小老板。

特别随着陕州地坑院景区一举成名，曲村乡村游也日益火爆。每逢双休日，曲村广场都停满了来自全国各地的旅游大巴，3000多名游客在这里参观地坑院。当地群众八仙过海，各显神通，摆上自产的农副产品，经济实惠、绿色环保的农产品赢得了游客的青睐。

在陕州区张村塬、张汴塬、东凡塬三道塬上，分布着1万多座地坑院。陕州地坑院的开发建设让三大塬区的群众尝到了甜头，看到了奔头，增添了劲头，群众积极整修地坑院，大力发展独具特色的乡村文化游，掀起了新一轮建设的高潮。

依托地坑院景区建设旅游环线，引导旅游环线群众借机生财

在张汴乡西王村“娟子果蔬采摘园”的温室大棚里，万绿丛中点点红。在翠绿的叶片中，一颗颗草莓晶莹剔透，鲜红欲滴，让人垂涎三尺；一个个水晶柿子挂满枝头，游客在这里体验采摘乐趣。“娟子果蔬采摘园”的女主人叫张娟，是张汴乡西王村的一名农民，也是地坑院开发建设的受益者。

陕州地坑院的成功开发为古老的张汴塬凝聚了人气，聚集

了财气，也让群众看到了蕴藏的巨大商机。张娟在农业部门技术员的指导下，在家乡建起了果蔬采摘园，尝试反季特色种植草莓、西红柿、西葫芦等4个果蔬大棚，取得了好的效益。她还带动邻里乡亲发展果蔬种植采摘，专门成立了春生农民合作社。如今合作社已发展社员20余户，每户社员年收入都在三万元以上，有效解决了村民的就业和脱贫问题。

远不止如此。陕州区大力城市“东接南拓”，投资7000多万元建设了地坑院景区和高阳山景区旅游环线，不仅方便游客参观地坑院，也让城区和景区紧紧相连，把城市搬进了农村。镶嵌在旅游环线村庄里的群众成了陕州地坑院开发的受益者。

张湾乡抓住地坑院景区建设机遇，投资1700余万元开工建设西罐村至新桥村农业生态观光旅游环线，与地坑院旅游环线对接，沿途大力发展以生态农业、观光农业、现代高效农业为支撑的都市农业，建设了千亩油葵、百亩樱桃、百亩油菜基地和百亩石榴基地，陕州区传统农业正合着地坑院开发的节拍，跳起了轻盈活泼的“现代舞”。

目前，陕州地坑院景区的强势崛起，有效带动了农民增收和就业。据初步测算，陕州区累计从事乡村旅游相关产业1100户、5000余人，人均年增收8000余元。其中，陕州地坑院开业以来，有效带动周边的曲村等10余个村群众致富，累计有820户从事农家乐、运输、手工剪纸、售卖土特产等，年人均实现增收1.5万元。

如今，守着千年瑰宝的陕州区正深耕地坑院民居文化资源，在建成小康社会的征程上阔步前行。（陕州区委宣传部）

灵宝市

灵宝市位于豫秦晋三省交界处的河南省西部，南依秦岭，北濒黄河，总面积3011平方公里，辖10镇5乡2个管委会、428个行政村，总人口75万人（包括于2016年12月划转到三门峡市城乡一体化示范区管辖的大王镇、阳店镇，共涉及国土面积285平方公里，62个行政村，10万人。）1993年5月撤县设市，是闻名全国的黄金之城、苹果之乡、道家之源、旅游胜地。

灵宝历史悠久，文化灿烂。国家4A级景区——函谷关，是中国建置最早的雄关要塞，是我国古代伟大的思想家、哲学家老子著述《道德经》的灵谷圣地，因《道德经》成于函谷关，函谷关被中国道教协会确定为“道家之源”。

灵宝区位优越，交通便利。城市靓丽，生态宜居。

灵宝经济发展，活力无限。境内有金、银、铜、铅、硫铁等38种矿产资源，黄金年产量188万两，是全国重要的有色金属冶炼加工基地。黄金、铜精深加工、林果业精深加工、先进制造业产业集群优势逐渐凸显。“灵宝苹果”品牌价值突破183.4亿元。全市拥有国家4A级景区4家，入选第二批“国家全域旅游示范区”。

2017年，全年地区生产总值完成526.1亿元，位列2017年全国中小城市投资潜力百强县市第43位；2017年中国工业百强县第98位。（钟河）

全力推进脱贫攻坚提质增效

——灵宝市脱贫攻坚工作调研报告

今年以来，灵宝市全市上下深入贯彻习近平新时期扶贫开发战略思想，始终遵循“精准扶贫、精准脱贫”基本方略，坚决落实中央、省、三门峡市的决策部署，聚焦深度贫困，聚力作风建设，以夯实产业扶贫为主线，以落实行业政策为重点，全力推进脱贫攻坚、提质增效。

谋划产业发展。灵宝市依托本地资源优势，大力发展特色产业，带动更多贫困群众持续增收。全市51个贫困村，基本实现“一村一品”，有7个村被授予三门峡市级美丽乡村示范村。一是特色农业带动。苹果，实施“百年果业振兴战略”，在寺河、苏村、五亩、朱阳等东南部山区改造提升老果园4500余亩，覆盖贫困群众1100余户4000余人，户均增收2400余元。烟叶，全市种植面积4.8万亩，覆盖6个乡镇76个行政村4500余户烟农。食用菌，全市规模1.2亿袋，参与群众5万人。带动贫困群众2140户6386人，发展食用菌296万袋，户均增收2000元。小杂水果，在川口乡、函谷关镇、焦村镇、西阎乡等川塬区、沿黄区，按照“一村一品”积极发展葡萄、软籽石榴、樱桃等特色小杂水果2600余亩，覆盖贫困群众576户2104人，户均增收2000余元。二是落实产业奖补。出台《灵宝市产业扶贫奖补办法》，科学引导、优化服务、规范管理，发放2018年度奖补资金86.75万元，其中，奖励外出务工人数457人，奖励资金68.75万元；奖励自主创业贫困户93户，奖励资金18万元。三是加大资金投入。上半年，各级财政投入灵宝市产业扶贫项目资金共计1852万元，实施产业项目35个，其中，种植业项目29个，加工业项目4个，其他项目2个，覆盖建档立卡贫困户1658户5626人。

推进项目建设。规范项目库建设。2019年灵宝市项目库共有115个项目，计划投入资金8467.02万元。其中产业扶贫项目70个，投入资金5555.95万元；教育扶贫项目1个，投入资金188.2万元；健康扶贫项目1个，投入资金6.02万元；金融扶贫项目2个，投入资金570

万元；基础设施项目 33 个，投入资金 1784.01 万元；公共服务项目 1 个，投入资金 132.84 万元；项目管理费 230 万元。争取财政资金 7249.7 万元，其中省资金 2127 万元，三门峡市资金 1360 万元，灵宝市本级资金 3762.7 万元。加快项目实施。已经批复和备案项目共 60 个，已竣工 27 个，正在实施 31 个，未开工 2 个。承接产业观摩。接待三门峡市产业观摩组先后到阳平镇裴张村食用菌专业菌棒加工示范园和市扶贫办机关，观摩扶贫项目建设和 2019 年项目库建设情况；到故县镇观摩孔家营村双矮苹果栽植项目。实施“雨露计划”。于 2 月 24 日组织对全市 51 个贫困村的创业致富带头人进行了培训；完成了 2018 年秋季职业教育和第二批短期技能教育审核工作，分别审核通过 563 人，拨付资金 90.2 万元。对阳平、西闫、川口、寺河四个乡镇的 2019 年实用技术培训项目进行了批复；2019 年短期技能项目实行按月申报制，3 月份已审核资料 306 份，通过审核 230 人，正在拨付资金。农开项目验收。对投资 1400 万元的万亩高标准农田建设项目进行县级初验，并对 2017 年农业综合开发高标准农田建设项目进行审计。

易地搬迁后续工作。灵宝市严格落实易地扶贫搬迁人均住房面积不超过 25 平米、不让搬迁群众举债等政策要求；立足当地资源特点和群众生产生活习惯，全部采取集中安置；严格落实易地扶贫搬迁工程质量安全管理要求，切实做好 22 个安置点住房质量安全监管工作，完善了水、电、路等配套基础设施；易地搬迁 1848 户 6702 人全部搬迁入住。今年上半年，重点对全市易地搬迁安置点房屋质量进行了大排查，未发现重大工程质量问题。

开展社会扶贫。推广中国社会扶贫网情况。目前，灵宝市全市注册爱心人士 13966 人，贫困户 7446 人。全面配齐乡村两级管理员，注册管理员 451 名。发布需求 1558 项、对接成功 1252 项；社会扶贫募捐资金 371.85 万元，全部汇入灵宝市慈善总会账号，建成“爱心超市”15 个，并于 2018 年 9 月 14 日、2019 年元月份、4 月份拨付三个季度爱心捐款 135.5 万元，并将款项拨付情况在金城传媒向社会公示。截至目前，全市所有“爱心超市”全部投入运营，贫困群众凭积分卡走进爱心超市领到了各自生产生活必需品，兑换率达 80% 以上，达到了“积分改变习惯、勤劳改变生活”的良好效果，极大地激发了困难群众脱贫致富的内生动力，受到了困难群众和社会各界的好评。“百企帮百村”工作情况。引导民企发挥自身优势，因地、因企制宜，创新帮扶措施，努力实现由单纯“输血”向帮助“造血”转变。昌盛食用菌公司、鑫联菌业有限公司等龙头企业积极发挥示范带动效应，共在

4个自然条件适宜的乡镇带动1300余贫困户发展香菇产业，实现户均增收5000元。河南振宇产业、新凌铅业、源浩实业等公司共安排300余名贫困群众就业，每人每年可增加收入2–3万元。公益扶贫温暖贫困群众。各企业采取直接捐赠、设立扶贫公益基金、建设公共设施等多种形式开展扶贫，改善结对村群众的生产生活条件。卓尚服饰、新农村益联电子商务等公司先后资助100余名贫困学生顺利完成学业。组织“茅台·香馥满崤函”大型公益助学活动，共为全市40名困难学生发放助学金10万元。各企业共计投入200余万元，资助西阎乡水泉头村、川口乡池头村、焦村镇西册村、朱阳镇透山村等建设道路、文化大院、水塔、太阳能路灯等基础设施;共计投入100余万元，资助100余名贫困群众进行危房改造和庭院提升。

推进行业扶贫。灵宝市统筹教育、卫健、民政、残联、住建、水利、电力等部门力量，全面落实各项行业政策。教育扶贫。全面落实学生资助政策。今年上半年，共为4784名建档立卡学生发放资助金额412.6万元，为建档立卡学生统一办理了资助专用存折，使资助发放更加便捷高效。危房改造。今年灵宝市纳入计划四类对象危改任务为664户（其中建档立卡贫困户523户），已经全部开工，竣工573户，其余91户正在积极改造中。已脱贫户和非贫困户目前确定240户，计划7月底完成改造，确保完成危房清零行动。健康扶贫。降低就医成本。贫困人口“先诊疗 后付费”2922人次，免收住院押金金额1348.02万元。组织家庭医生签约服务团队，对贫困人口中的慢性病患者，实行一人一档签约服务，签约率100%。提高基层服务水平，抽调5家市直医院的25名技术骨干组建了8个医疗服务队，共诊疗人次8766人，培训医师1091人次；今年计划建设214个标准化村卫生室，目前开工建设196个，进入招投标9个，完成招投标5个，缓建4个。开展贫困人口免费健康体检，截至目前体检4074人。开展慢病鉴定。积极开通各种鉴定通道，通过集中鉴定、下乡鉴定、现场鉴定、绿色通道等途径共鉴定9000余人，为贫困人口鉴定发卡3820张。落实保险待遇。今年以来落实困难群众大病保险457人次168万元；落实困难群众补充医疗保险1467人次75万元；落实贫困人口兜底医疗保险14010.95元；截至目前医疗保险参保率达到100%，实施医疗救助211人次，发放救助金17.34万元。科技扶贫。发挥农业、科技、园艺等部门技术力量资源优势，扎实开展各类技术培训。一是深入乡镇开展果品、蔬菜、畜牧、中药材等实用技术培训，发放资料30000余份，技术指导4000余人次。二是组织市乡两级农技人员56人，到西北农林科技大学进行集中培训，提高农技人员业务水平，增强服务能力。三是开展科技特派员活动，共派出省、市、县科技特派员累计300人次，开展果树、食用菌、畜牧养殖、大棚蔬菜、小杂水果等技术培训和技术咨询200余批次，培训人员3590余人，发放资料2000余份；推广苹果、食用菌、蔬菜等新品种12个，推广矮砧苹果栽培、测土配方施肥、水肥一体化等新技术15项，解决技术难题30余项。社会保障。落实贫困家庭最低生活保障。2019年灵宝市农村低保标准提高到每人每年3900元，一类每人每月220元，二类每人每月190元，三类每人每月160元，对于完全丧失劳动能力的重度残疾人每人每月补贴325元。全市享受低保贫困户2520户4428人，共发放低保金258.43万元。落实贫困家庭特困供养人员救助。提高农村特困人员基本生活标准，集中供养为6000元，分散供养为5100元。享受特困人员供养的贫困户587人，发放特困供养金76.01万元。及时解决城乡居民突发性、临时性生活困难，今年对建档立卡贫困户实施临时救助6户12900元。落实各项贫困家庭残疾人扶持措施。建档立卡贫困户中享受重度残疾人护理补贴454人，生活补贴634人，发放两项补贴19.58万元；开展残疾人证集中办理活动，上半年办证502人，其中贫困残疾人105人；为残疾人朋友免费发放轮椅300辆，推进无障碍改造项目实施，截止目前筛查评估260户，实施改造120户。转移就业。全市建档立卡贫困劳动力16289人，有劳动能力且有就业意愿的14779人，实现就业14733人，转移就业率99%，其中劳务输出就业5558人，居家灵活就业8147人，公益性岗位安置943人（安置贫困劳动力565人），专业护林员74人。安全饮水。2019年贫困村饮水安全巩固提升工程计划总投资360.78万元，拟改建饮水工程15处，涉及4个乡镇6个深度贫困村，目前已完成设计，正在进行施工招投标；对全市366个行政村的352个水样进行水质检测，截至目前已完成包括51个贫困村的

103个水样水质化验。交通建设。灵宝市51个贫困村全部实现“两通”（通村硬化道路、通客车），通车率达100%，目前共有12个贫困村通过电话预约方式实现通车。通讯建设。广播电视户户通建设，统筹无线、有线、直播卫星等传输覆盖方式，实现贫困村广播电视全覆盖、无线广播电视节目全覆盖、有线广播电视信号村村通。今年上半年，完成10个贫困村有线电视覆盖项目，15个易地搬迁安置点的有线电视入户安装，为4177户山区居民免费发放“户户通”卫星接收天线；加强贫困村4G基站布局和光纤宽带建设，建设开通4G基站16个，实施贫困村新建宽带项目25个，改造项目18个，安装分纤箱67个，建设端口1500个。综合性文化服务中心建设。全市51个贫困村除2个村正在整改提升外，49个贫困村已全部达标。

深化金融扶贫。灵宝市加强贷后监管，落实月回访制度。完善三级贷后管理台账，各乡镇金融扶贫服务站、各相关金融机构每月组织专人对贫困户资金使用情况、效益情况、还款能力、是否续贷等情况进行跟踪回访，确保资金贷得出，收得回，降低逾期风险，提高贷款使用效益；加强信用评级动态管理。及时更新相关贫困户信用信息，为加快信贷投放提供可靠保证。目前共投放户贷户用贷款3091户5272.25万元，户贷率34.25%。

加强定点扶贫。灵宝市按照“干部当代表、单位做后盾、领导负总责”的要求，结合实际，

配足配齐帮扶力量，43 名县级领导干部每人联系两个村，其中一个贫困村，一个重点非贫困村；市县两级市直单位共同分包 89 个村（贫困村 51 个），其中三门峡市级定点帮扶单位 24 个，灵宝市级定点帮扶单位 62 个；及时对包户单位和包户干部进行调整，要求未脱贫户必须由科级干部帮扶，调整后三门峡市级、灵宝市级包户单位共 112 个，包户干部 5168 人帮扶贫困户 6376 户。从 6 月 22 日开始，全市组织开展科级干部“大走访”活动，帮助基层澄清底数，化解矛盾，发现问题，解决问题。全市 51 个贫困村实现了县级领导、第一书记、驻村工作队、帮扶干部全覆盖。包户干部职工深入贫困户家中，针对贫困户致贫原因和发展能力，持续帮助群众落实增收举措，补齐工作中的短板漏洞，将产业扶贫、转移就业、危房改造等具体措施精准落实到户到人，争取项目资金、兴办民生实事，因村因户群众帮扶工作满意度显著上升。

开展作风治理。灵宝市以扶贫领域“作风建设年”活动为契机，围绕“四个意识”强不强、工作责任实不实等六个方面，细化分解 60 项对照内容，建立作风问题专项治理自查整改台账。持续深化“懒政怠政为官不为”专项整治，建立健全市、乡、村三级扶贫领域信访网络，组织开展“深化效能革命、优化发展环境”活动，聚焦民生问题，以涉农部门为重点，建立覆盖 68 个职能部门 1302 个内设科室（窗口、站所）、394 个行政村（社区）的二维码扫码评议服务体系，在灵宝电视台开设《每周聚焦》电视问政栏目，将扫码评议由市直单位向乡镇、村延伸，着力解决职能部门、扶贫干部和村组干部“在册不在岗、在岗不在状态”等问题。

抓好信访稳定。为严格扶贫信访案件办理时限、加快办理进度，提升高质量结案率，灵宝市采取了一系列实际举措，不断加强扶贫领域信访案件的组织领导、畅通信访渠道、落实领导包案、定期会商研判，全面落实省、三门峡市扶贫领域信访问题专项治理工作要求。市脱贫攻坚领导小组密集召开会议，安排部署信访工作、研判分析案件；对于扶贫信访案件，在市督查巡查组调查、督导的基础上，市脱贫攻坚领导小组分管信访的市级领导逐乡镇进行调研、督办，协调解决问题，加快案件办理；各乡镇党委书记、乡镇长亲自抓案件办理，收到了明显成效。2019 年以来，灵宝市共接收上级转办各类扶贫领域信访案件 25 起，其中省访件 7 件、三门峡市访件 18 件，已全部办结，实现了上级交办扶贫信访案件 6 月底“清零”目标。

推进“三变”及试点。灵宝市积极探索死钱变活钱、输血变造血、保底变保富的“三变”路径，严格按照“四议两公开”

程序，摸清“四类人群”，即贫困老人、重大疾病人员、重度智障和精神病患者、重度残疾人的底数，搞好“三个一批”的预算经费，落实集中供养地点；对“三无”人员全面落实低保、五保、教育资助、危房改造、残疾人补贴等政策，实现保基本；通过金融扶贫助推、龙头企业带动、资产租赁增收等模式，使“三无”贫困户获得相对稳定的收入。

开展贫困退出评估。从 6 月 22 日开始，灵宝市全市围绕脱贫基础、责任落实、工作落实、政策落实、作风建设等方面，对2019年预退出户进行普查评估，对拟退出的21个村的“五有六通”情况以及三门峡市第二季度暗访反馈问题整改情况进行检查，目前已将核查问题反馈相关乡镇和行业部门，督促逐项整改销号。

持续问题整改。2019年3月省脱贫攻坚考核组对灵宝市进行实地核查、暗访考核、财政专项扶贫资金绩效评价，结合平时工作情况，共反馈灵宝市五大方面19条问题，其中立即整改的15条，长期整改的4条。经过阶段性整改，截至目前，立即整改的15条，已整改14条。从5月31日以来，灵宝市开展自查和三门峡暗访调研，排查问题共计2654条，已整改2573条，正在整改81条。

灵宝市今年脱贫攻坚工作的措施主要有以下几个方面：

及早谋划整体工作。灵宝市在2018年工作的基础上，结合实际，制定出台了《2019年脱贫攻坚实施意见》，基本思路是，“两聚焦、两手抓、两突出”，全面提升脱贫质量。即聚焦未脱贫村、聚焦特殊困难群体，实现“两不愁四保障”；一手抓攻坚，集中攻克“硬骨头”，按时完成脱贫任务；一手抓巩固，深入开展“回头看”，查缺补漏防止返贫；突出“一村一品”，狠抓产业扶贫，加快项目实施，强化脱贫支撑；突出问题整改，狠抓整改质量，提升工作水平。总体目标是：年底前实现2300人脱贫，剩余21个贫困村全部退出，全市所有行政村综合贫困发生率降到2%以下，推动各类突出问题整改落实，巩固脱贫攻坚成果，为2020年全面打赢脱贫攻坚战奠定基础。主要任务：概括起来就是“一二三四五”：“一”就是围绕“一个中心”，也就是推动“三年行动计划”的贯彻落实；“二”就是坚持“两个提升”，即提升基层党建水平、提升干部作风建设；“三”就是补齐基础设施、公共服务、能力素质“三块短板”；“四”就是突出深度贫困攻坚、夯实基层基础、凝聚各方合力、巩固脱贫成果“四个重点”；“五”就是打好产业扶贫、就业扶贫、金融扶贫、易地扶贫搬迁后续产业发展、生态扶贫“五场硬仗”。

着力强化工作推进。上半年，灵宝市召开全市性脱贫攻坚会议4次、组织检查督导10次、迎接省市调研督导5次。特别是6月19日刘南昌书记在灵宝市调研脱贫攻坚工作之后，针对调研中指出灵宝市存在的问题，于6月21日召开全市脱贫攻坚重点工作点评会，对当前脱贫攻坚工作进行统一部署，对各乡镇、市直各单位脱贫攻坚工作中存在的问题进行集中会商。市委书记孙淑芳逢会必讲脱贫攻坚，对强化力量、资金投入、产业谋划、督查考评、责任落实等各个方面提出明确指示和要求，全市上下脱贫攻坚工作的政治站位进一步提升，参与热情空前高涨、舆论氛围日益浓厚、攻坚合力得到加强、总攻势头显著形成。

切实加强组织领导。根据当前脱贫攻坚总攻阶段的工作需求，结合干部调整及工作人员变动情况，对“脱贫攻坚工作领导小组”组成人员和工作分工予以调整，组长由市委副书记担任，相关县级领导干部担任副组长，相关部门负责人担任成员，在市脱贫攻坚工作领导小组的领导下，各项重点工作稳步推进。6月份，市委对市扶贫办班子进行了调整，将年富力强的同志充实进来，并安排科级干部担任各乡镇扶贫办主任，从而为高质量完成脱贫攻坚工作提供坚实的组织保证。全市上下形成了常委会组成人员全员参与、市级领导主动担当、常委部门带头行动、各方力量全员上阵的工作格局。

创新工作机制。一是实行班子成员“AB角”工作制。即B角领导应主动熟悉A角领导所分管的工作，当A角领导因公外出或请假期间，B角领导应协助A角领导处理突发事件、紧急事项、出席有关会议或公务活动等。通过这一工作制度，有效避免因班子成员缺位造成工作延误、效率低等问题，进一步强化职责分工，培养业务“多面手”，促进工作相互协作，提高工作效率，确保脱贫攻坚各项工作高效有序运转。二是重点工作专人专责。结合灵宝市脱贫攻坚工作突出问题整改，狠抓整改质量，提升工作水平的工作思路，召开专题会议，压实责任，由扶贫办副主任王亚清同志负责脱贫攻坚问题整改工作，同时明确班子成员强盖新同志专职负责项目资金审计监督、南岳武同志专职负责涉贫领域信访工作，其他班子成员各负其责，密切配合，形成一个有明确任务、职责、权限及相互协调、相互促进的有机整体，真正做到重点工作“事前主动控制、事中积极检查、事后严格把关”。

加大投入提供保障。市委市政府提出，在资金投入上，凡是省、三门峡市有要求的，灵宝市一项也不能少，该拨付的经费要足额按时拨付到位。关于第一书记的工作经费、驻村补助，已经制定的政策，一定要落实到位。通过提升能力、夯实力量、提供保障、强化督导、兑现奖惩，着力解决不会干、不愿干、干不好等问题，为更好地开展脱贫攻坚工作注入了活力和动力。

灵宝市地处豫西山区，自然条件较差，基础设施欠账较多。尽管经过这两年的努力，贫困村的条件得到有效改善，但贫困人口较多的非贫困村还有一定差距。加之作为非贫困县能够享受到的政策、资金有限，整体提升的难度较大。灵宝市目前剩余未脱贫的4438人，绝大部分是因病、因残致贫，自身条件较差。虽然经过各级干部的深入宣传、倾力帮扶，但仍然缺乏脱贫信心。同时产业项目规模不大、亮点不多，带贫机制需要进一步完善；产业发展还局限于传统农业，对自然资源和条件的依赖性强，抵御风险能力弱；短平快项目少，脱贫成效还有待提高。

灵宝市紧盯21个贫困村退

出、2300 人稳定脱贫的年度目标，以产业扶贫为主线、以深贫改善为重点、以提升群众获得感为目标，提升工作标准，加大工作力度，坚决打好脱贫攻坚战。下一步，他们计划重点做好以下几个方面的工作：

夯实脱贫攻坚基础工作。全面建立脱贫攻坚大统计台账，实现脱贫攻坚工作网格化管理，以管理精细化提升工作精准度。

加快项目建设，加强财政扶贫资金专项管理和审计督导。下半年要尽快组织项目实施，加快施工进度，新入库项目要在 7 月底前全部开工，所有项目在 10 月底前完工。成立审计督导组，逐乡镇对 2018 年以来的扶贫项目实施和资金使用情况进行督导审计。目前正在对 2019 年的扶贫资金项目和扶贫资金绩效进行督导，已经结束 6 个乡镇，剩余 9 个乡镇，下半年将继续对剩余 9 个乡镇和 2018 年的扶贫资金项目和扶贫资金绩效进行审计督导。

高度重视贫困人口动态调整和扶贫开发信息系统数据质量工作。全面落实 6 月 19 日省扶贫办建档立卡动态调整视频会议要求，做好采实采准贫困人口基础数据，精准录入，做到账

实相符，户卡机一致。确保按照时间节点，高质量完成数据更新，确保实现存量问题清零，实现常态化监测管理，数据质量进入全省前列，以数据高质量推动脱贫攻坚各项工作高质量。

危房改造全部“清零”。今年灵宝市纳入计划四类危改对象任务为 664 户（其中建档立卡贫困户 523 户），已经全部开工，竣工 573 户，其余 91 户正在积极改造中，计划 7 月底完成改造，确保完成危房清零行动。

有效解决金融扶贫逾期贷款的处置，不断提升户贷率。召开金融机构扶贫贷款工作会议，明确职责、澄清底数，建立台账。同时建立金融扶贫逾期贷款预警机制，每月初将本月应还贷款及时通知金融机构，做好贷款催收和续贷工作。实施包户干部、村干部、金融机构客户经理“三帮一”机制，宣传金融扶贫政策、帮助贫困户谋划产业；协助办理小额贷款，实施贷款监管、贷前贷中贷后全程跟踪服务工作，全力推进金融小额扶贫贷款工作。

做好健康扶贫工作。降低就医成本，贫困人口“先诊疗、后付费”；组织家庭医生签约服务团队，对贫困人口中的慢病患者，实行一人一档签约服务；提高基层服务水平，组建医疗服务队，开展贫困人口免费健康体检；开展慢病鉴定，积极开通各种鉴定通道；落实保险待遇，落实“一站式”结算。

着力解决扶贫领域信访案件办理工作。逐步化解扶贫信访案件越级上访、信访反映问题类型集中、信访案件办理质量不高，重访缠访突出问题。持续做好问题整改工作。坚持问题导向，发现问题，找准问题，研判问题，反馈问题，做好各类问题整改落实，补齐各项工作短板。严格按照《全市 2019 年脱贫攻坚考核指标评估体系》（贫困户 14 项，责任落实 4 项，政策落实 1 项，工作落实 5 项），做好接受半年考核和全年考核工作。2019 年，21 个贫困村全部退出、2300 人实现稳定脱贫，贫困发生率降至 0.43%，总体完成脱贫任务。（记者　梅淑娥）

“四个着力”让贫困群众过上幸福生活

五亩乡是位于灵宝市西南部的山区农业乡镇，全乡共有省级贫困村5个，建档立卡贫困户1038户3465人，其中易地搬迁313户1145人。在搬迁项目上，共建设镇区龙祥新村、坡头村和走马岭村3个安置点，总投资6870万元。其中龙祥新村社区安置点总投资4488万元，建设住宅楼8栋，安置20个村211户贫困群众。

来自20个村211户搬迁群众在这里度过了2018、2019两个新春佳节，他们赶上新时代、搬进新房子、开始新生活。在龙祥新村易地搬迁工作中，五亩乡加强创新，着力抓好了四个方面工作。

加速项目推进，完善配套设施。以“规划先行，统筹安排，分点实施，两年完成”为总体思路，提早规划，考虑工程选址、征地补偿和搬迁识别；精准设计，按照人均25平方米标准为211户748人设计了50平方米—125平方米4类不同户型；稳步实施，紧贴政策、及早开工、挂图作战，2016年8月破土动工，2017年12月竣工并分房到户，小区绿化亮化美化同步完成。在配套设施建设上，我们按照安置点“五通、六有、七化”的要求，对照标准、逐项完善，在安置点及其周边新规划建设了社区便民中心、物业办、文化阅览室、爱心超市、卫生室、电商网点、警务室、劳务信息服务点等配套设施，新村居民不出家门即可实现购物、缴费、看病、办事等“一站式“服务。

加强产业支撑，拓宽致富渠道。依托本地特色产业和优势资源，抓好三个结合：传统优势产业和新兴特色产业相结合、新型经营主体和发展产业项目相结合、劳务经济和自主就业相结合。大力发展优势产业，实施了精品苹果提质增效、老果园改造、双矮苹果栽植等项目；新型经营主体引领带动，发挥温氏养鸡、民兴牧业等农业龙头企业和专业合作社的带动作用，为贫困群众提供了多种类的“菜单式”服务；鼓励外出自主就业，搭建贫困劳动力转移就业服务平台，帮助181名群众找到了心仪的工作；方便群众家门口就业，引入盛源制衣扶贫车间，让无法外出的搬迁群众也有致富门路；积极联系公益岗位，解决27名搬迁群众就业问题。通过抓产业发展，抓就业创业，逐步解决了搬迁贫困人口稳定脱贫和后续发展问题。

建立社区支部，党建领航脱贫。针对龙祥新村社区涉及20个村、人口多、后期管理难、群众增收难、流动党员管理难的实际情况，五亩乡率先申报建立灵宝市第一个易地搬迁社区党支部——龙祥新村党支部，让群众知道，不论搬到哪里，都会有党组织来做他们的主心骨。在班子配置上，通过严格考察，党委从13名搬迁户党员中选拔出3名党性观念强的同志，组成龙祥新村第一届党支部班子；在阵地建设上，结合实际、科学规划，建成高标准党支部办公室、党员活动中心和便民服务中心，配套办公设施，满足工作需要；在规范运作上，严格党内活动，定期研究讨论社区党务工作、产业发展、小区管理、平安建设和后续拆旧复垦等事务，建立党员责任单元，亮身份、做表率，有困难、找党员，发挥先锋模范作用，保证扶贫搬迁户“事有人管、难有人帮”，全力打造凝聚力强、带动力强、战斗力强的脱贫攻坚红色前沿阵地。

加强思想教育，创建文明新风。广泛开展宣传教育和文明实践活动，着力破除陈规陋习，树立良好的民风、村风。加强乡风建设，通过制定村规民约、成立红白理事会、实行积分管理等办法，改变搬迁贫困户长期养成的缺乏信心、消极懒散等不良习气和陈旧的生活习惯；开展“一岗五星”评选活动，挖掘群众身上的闪光点，给每个人一个出彩的机会，激发他们对生活的自信和干事创业的激情，通过榜样力量，弘扬奋斗、互助、诚信、向善的良好风气。创建新时代文明实践站，根据群众需求，灵活设置课程，每月开讲3次，涉及扶贫政策、脱贫感党恩、果树管理、烟叶生产、畜牧养殖等内容，同时大力开展文体比赛、选树励志脱贫典型、清洁家园等特色活动，不断提高党员群众干事创业的能力水平，激发群众脱贫致富的内生动力。（方明）

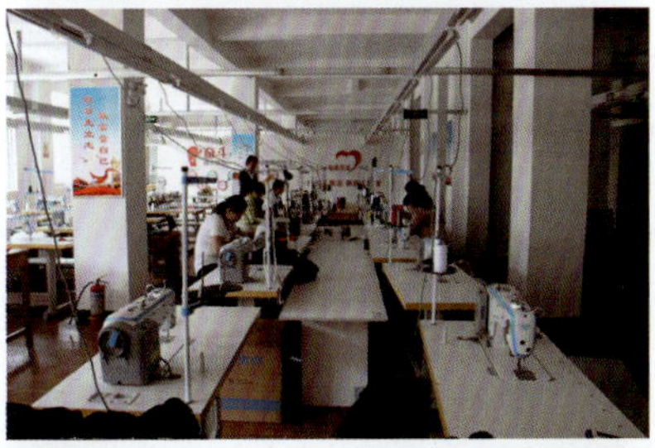

助力脱贫攻坚 实现乡村振兴

灵宝市西阎乡全天候多品种热泵烘干基地，带动千亩土地种植，安排1000多名农民就业。走进位于灵宝市西阎乡干头村的河南芳捷农业发展有限公司，映入眼帘的是整整齐齐、干干净净的厂区。烘干车间里，工人们干劲十足，精神面貌昂扬向上。

为了响应党中央的乡村振兴战略，打赢扶贫攻坚战役，河南芳捷农业发展有限公司与中科院理化技术研究所、河南省灵宝市西闫乡政府携手，以“全天候多品种热泵烘干工厂扶贫模式研究和推广示范”为攻坚课题，用现代化的技术和设备，建设大型的热泵烘干加工基地，指导大片土地规模化种植适合本地土壤、气候的农产品和中药材品种。“几乎全部的中药材和部分农产品，例如，三七、丹参、杭白菊、连翘、黄花菜、朝天椒、香菇、花椒、核桃、大枣等都是需要脱水烘干加工的，过去这些产品都是用传统方法，在太阳下进行晾晒，如果在收获季节连阴天或者下雨，将严重影响产品的质量，造成巨大损失，而我们的烘干基地采用的是一种先进节能的烘干设备——热

泵烘干机，其可以用少量的电产生大量热能，零排放，零污染，可全面代替燃煤，天然气和纯用电的烘干机，热泵烘干机烘干出来的农产品、中药材，品质好，颜色好，香味足，特制香气保留，可使产品预计附加值再增加，获得更高收益。同时，烘干基地指导着农户和基层合作社，按智慧农业的市场需求种植农产品和中药材，彻底解决了农户盲目种植，种出来卖不出去的伤农事件发生。”该企业负责人介绍道。

近年来，河南芳捷农业发展有限公司认真贯彻落实习近平总书记在中西部扶贫攻坚座谈会上的重要讲话精神，努力做好“村企对接”，深入推进产业扶贫，激发贫困群众内生动力，帮助贫困弱势群体脱贫。该公司推行“公司＋合作社＋基地＋农户”的发展模式，由合作社向行政村实施规模化种植，公司推行订单农业，进行合同回收，带动农户进入产业化领域。据了解，该公司位于灵宝市西南山区的辣椒种植区辐射朱阳、五亩、苏村、西闫5个乡镇26个行政村600余户，种植规模达到2000亩朝天椒，亩产干辣椒800—1000斤，鲜椒3000—

4000斤，每斤干椒5元，鲜椒不低于1元，亩产值3500余元，年产值700余万元，平均每户每年增收1.2万元。

中国科学院理化技术研究所研究员杨鲁伟认为，利用热泵技术及装备建设烘干基地的产业扶贫模式，对农村的经济发展、乡村振兴有着巨大的推动力。多年来，河南芳捷农业发展有限公司始终坚持利用产业基地激活乡村经济，助力乡村振兴。该公司在灵宝西闫乡建设了大型农产品、中药材烘干基地，种植了大量农产品、中药材，例如：黄花菜、红辣椒、菊花、香菇、生地、连翘、天麻等，种植规模达1万余亩，帮助当地300余农户实现家门口就业，奔向小康之路。

目前，河南芳捷农业发展有限公司的烘干基地助力脱贫攻坚工作已步入常态化，实现了贫困人口发展需求和企业自身发展有效结合，契合了贫困群体和企业的共同需求，切实履行了民营企业在脱贫攻坚工作中的社会责任。（万军　文　沈城　图）

发展养殖事业 助力精准扶贫

灵宝市焦村镇是一个农业大镇，果品、食用菌、畜牧养殖是该镇三大支柱产业。近年来，焦村镇牢固树立大扶贫理念，根据镇情实际，充分研究政策资源，大力实施农业产业化扶贫，把肉鸡养殖作为产业扶贫和精准扶贫的切入口，借助广东温氏肉鸡养殖，积极引导贫困户加入养殖项目，变单一“输血”式扶贫为“造血”式扶贫，扶出产业，扶出发展，真正实现了精准扶贫、精准脱贫。

因地制宜，选好扶贫产业。基于畜牧养殖业在焦村有基础、有市场、群众热情高的实际情况，焦村镇在总结经验、广泛调研的基础上，确定将发展肉鸡养殖业作为全镇脱贫攻坚工作的重中之重来抓。产业扶贫必须依靠龙头企业带动。广东温氏集团始创于1983年，是农业产业化国家重点龙头企业、国家级创新型企业，是亚洲规模最大的肉鸡、肉猪养殖企业。通过招商引资，温氏肉鸡养殖项目成功落户焦村。之后，焦村镇依托上级项目资金，建设了焦村镇温氏扶贫养殖基地（奔康养殖场）。该基地位于焦村镇乔沟村，总投资310万元，其中上级项目资金273.2万元，自筹资金37万元，占地53亩，目前建成高标准养殖大棚9个，并配套管理房、仓库、水、电、路、绿化、亮化等辅助设施。

依托龙头，规范合作模式。一直以来，温氏养殖项目主要运用“公司+基地+农户”的生产经营模式，即由温氏公司向合作农户提供种苗、饲料、技术、防疫等配套服务，再采用合同式收购方式，从合作农户收购安全、达标肉鸡产品，统一向市场提供，所得收益与合作农户进行五五分成，抗风险能力强、能实现稳定增收，最终实现公司与农户互惠双赢。根据这一模式，焦村镇温氏扶贫养殖基地，采取合作经营的带贫模式，把全镇304户贫困群众组织起来，选举产生理事会，具体负责经营管理。理事会与经营方签订合作协议，当年收入的50%用于贫困户收益，另外50%归经营方，收益核算由镇政府派出财务人员专门监管。

把控规模，助力精准脱贫。根据全镇贫困群众实际情况，焦村镇温氏扶贫养殖基地规划建设了9个高标准养殖大棚，每个养殖大棚每茬可养肉鸡1万羽，每羽收益2.5元左右，每棚每茬收益2.5万元以上，年可养殖3茬，每年可出栏肉鸡30万羽，年收益可达60万元以上。2018年304户贫困户已分取收益30余万元，户均1000元。同时该基地优先吸纳贫困户务工，每月工资1500–2000元，可实现年增收18000–24000元，目前已有部分贫困户受益。

虽然焦村镇依托温氏集团在产业扶贫方面取得了初步成效，但该镇扶贫工作依然任重道远。下一步，焦村镇党委、政府将带领该镇人民，进一步坚定信心、真抓实干，持续投身到脱贫攻坚战役中，进一步探索完善产业扶贫项目管理经营模式，引导更多贫困户参与合作经营，把产业扶贫项目做大做强，为贫困户增收、实现稳定脱贫奠定坚实基础，确保全面打赢脱贫攻坚战。（杜凌　文　沈城　图）

渑池县

渑池县位于河南省西部，是闻名遐迩的人类远祖起源地和举世闻名的仰韶文化发现地，辖6镇6乡，236个行政村，总面积1368平方公里，总人口37万人。

渑池是历史悠久的文化之城。秦时置县，延续至今，距今已有两千多年的历史。人类文明从这里走来，4500万年前，人类远祖在这里繁衍生息；7000年前，仰韶文化在这里氤氲积淀；2000年前，秦赵会盟在这里书写了化干戈为玉帛的和谐传奇；70多年前，红色文化在这里闪耀，刘少奇、邓小平、彭德怀等一大批老一辈革命家在这里驻足停留，豫西特委扩大干部会议在这里召开，彪炳史册的政治名著《论共产党员的修养》在这里诞生。

近年来，渑池县委、县政府全面贯彻党的十九大精神，以习近平新时代中国特色社会主义思想为指引，认真践行新发展理念，以高质量发展为根本方向，以供给侧结构性改革为主线，围绕建设“转型发展先

进县、现代农业示范县、文化旅游特色县和三门峡副中心城市”的发展思路，着力调结构、促转型、稳增长、惠民生，全县经济社会持续保持健康平稳发展的良好态势。2018 年，全县地区生产总值完成 278 亿元，同比增长 7.5%；财政一般公共预算收入完成 25.8 亿元，增长 8.5%；规模以上工业增加值增长 6.5%；固定资产投资增长 10%；社会消费品零售总额完成 63.5 亿元，增长 9.8%；城镇居民人均可支配收入、农村居民人均可支配收入分别实现 31561.5 元、16068.7 元，分别增长 5.8%、9.2%。先后获得全国科技进步先进县、全国科普示范县、全国循环经济标准化试点县、国家现代农业示范县、全国文化先进县、中国美丽乡村建设示范县、全省电子商务进农村示范县等荣誉称号，成功入围中国最具投资潜力特色魅力示范县 200 强。（钟河）

渑池县召开决战决胜脱贫攻坚誓师大会

渑池县5月21日召开决战决胜脱贫攻坚誓师大会，贯彻落实省、市脱贫攻坚会议精神，深刻分析全县扶贫工作面临的严峻形势，深入查找存在问题和突出短板，研究部署当前和今后一个时期脱贫攻坚工作，动员全县上下背水一战、破釜沉舟，勠力同心、合力攻坚，俯下身子、真抓实干，以扎实的举措、务实的作风、真实的成效，全力做好脱贫攻坚这一头等大事、民生工程，为打好打赢脱贫攻坚战奠定坚实基础。

县委书记杨跃民，县委副书记、县长谢喜来，县委副书记刘军伟，县人大常委会主任张行军，县政协主席郭艳华等县四大班子领导出席会议。

杨跃民指出，各级各部门要深刻汲取教训，深挖问题根源，深入反思症结，进一步统一思想、坚定信心，加压鼓劲、誓师出征，以更加扎实的作风、更加有力的举措、更加精细的工作，坚决打赢脱贫攻坚翻身仗。

就做好下一步脱贫攻坚工作，杨跃民强调四点：

一要反思警醒，正视问题，汲取惨痛教训。要深入学习习近平总书记关于扶贫工作重要论述，牢固树立“四个意识”，把脱贫攻坚作为重大政治任务，切实提高对脱贫攻坚任务艰巨性、严峻性的认识，正视问题，认真反思，深刻汲取教训，把劲儿用在脱贫攻坚上，高质量推进脱贫攻坚工作，以实际行动践行“两个维护”。

二要明确重点，突出关键，全面整顿整改。各级各部门要严格按照《渑池县脱贫攻坚“大排查、大整改、补短板、强基础”专项行动工作方案》要求，把任务具体到人，把责任落实到人，逐村逐户逐人逐项“过筛子”，彻底摸清问题，找准症结，切实做到举一反三、全面整改、彻底整改，确保整改实效经得起各级检查、经得起实践检验、经得起历史考验。

三要背水一战，绝地反击，压死攻坚责任。县委书记、县长作为全县脱贫攻坚第一责任人，年底前要遍访37个贫困村，并在每个村住夜，国务院扶贫办交办的信访件由县委书记督办，省扶贫办交办的信访件由县长直接办理；县级领导干部每周要至少2天到分包乡（镇）、联系村现场办公，倾听群众诉求、化解信访纠纷、解决突出问题，每周至少驻村一晚；行业部门一把手每周要至少调研1次、至少召开1次行业政策落实专题会议；乡（镇）党委书记、乡（镇）长年底前要遍访所有贫困户、边缘户和问题户；各定点帮扶单位一把手每周要至少驻村3天，第一书记、工作队、扶贫专干等驻村力量要严格落实“五天四夜”工作制，吃住在村、工作在户，真正做到尽锐出战、全力攻坚。

四要从严治党，重奖重罚，狠抓严实督导。要配强督查力量，理清督查责任，树立正确的用人导向，对工作实绩突出的干部大力提拔重用，让脱贫攻坚一线成为锻炼干部的主战场；同时要严格督查、严肃问责，以强有力的督查问责倒逼责任落实、政策落实、工作落实。

谢喜来主持会议。就会议精神的贯彻落实，他要求，一要以求胜的决心提振士气；二要以严实的作风排查整改；三要以极致的追求拉高标杆；四要以灵活的方法激活内力。

会议宣读了《2019年脱贫攻坚奖惩办法》，宣布了相关处理决定、召回决定以及《渑池县脱贫攻坚“大排查、大整改、补短板、强基础”专项行动工作方案》。各乡镇、主要行业部门向县委书记杨跃民递交2019年脱贫攻坚责任书；张村镇、财政局负责人宣读请战书；仁村乡、环保局、法院等部门负责人作了表态发言。

会上，与会人员还进行了集体宣誓。（周罡）

聚力产业发展 筑牢脱贫根基

——渑池县产业扶贫工作调研报告

渑池县地处豫西丘陵山区，国土总面积1368平方公里，辖6镇6乡，236个行政村（其中省级贫困村34个），总人口36.8万人（其中农村人口26.4万人），耕地面积69.5万亩。有国家农产品地理标志登记保护农产品4个，国家绿色食品认证农产品2个，农业部无公害农产品认证农产品24个，2015年被评为国家现代农业示范县。1994年，渑池被确定为国家级贫困县，2000年成功摘帽，但由于受自然条件、重大疾病等因素影响，仍有部分群众生活在贫困线以下。2017年底，全县未脱贫贫困人口共有5339户13319人，贫困发生率5.1%。

脱贫攻坚工作开展以来，渑池县始终坚持把产业发展作为贫困村脱贫摘帽、贫困户增收脱贫的根本，紧紧围绕“因地制宜、长短结合、交叉覆盖”的指导思想，突出以“双椒一药”为主的特色农林产业、以“扶贫车间”为主的就业基地和光伏扶贫产业“三大支撑”，充分运用多种帮扶模式，强化顶层设计，出台多项支持政策，扶贫产业快速发展，为贫困群众增收脱贫提供坚实保障。

一、强化顶层设计，夯实产业发展基础地位

发展产业是带领贫困群众增收脱贫的根本，没有产业发展的扶贫是无源之水、无本之木。渑池坚持把产业扶贫作为脱贫攻坚的主攻方向，成立了脱贫攻坚产业发展领导小组，把项目全覆盖作为产业扶贫的重要抓手，立足贫困地区资源禀赋、产业基础和比较优势，提出“因地制宜，长短结合，交叉覆盖”的指导思想，组织贫困村、贫困户大力发展扶贫产业和项目，依靠产业项目带动，实现稳定增收脱贫。

一是加强项目编制管理。制定出台《渑池县农林产业扶贫项目编制指导意见》，制定产业项目申报指南，明确产业项目年度建设思路和工作重点，详细指导各乡镇、贫困村的产业项目申报，从源头上把好项目申报关。

二是强化监管督导。制定《渑池县财政专项扶贫资金乡级报账制管理办法》《渑池县财政专项扶贫项目管理办法》《渑池县财政专项扶贫项目及资金管理办法》、《渑池县扶贫项目资金公告公示制度》等规章制度，按照制度要求做好监督管理，确保产业项目的规范实施。

三是落实产业覆盖。为确保贫困户产业全覆盖，实现贫困户依靠产业发展达到稳定脱贫，将产业项目覆盖作为贫困户脱贫退出核查和第一书记、驻村工作队和帮扶责任人考核的重要指标。

二、突出“三大支撑”，全力保障贫困群众持续稳定增收

近年来，渑池坚持把产业扶贫作为助推贫困群众增收致富的重要抓手，突出抓好以“双椒一药”为代表的农林种植业、以务工就业为主的产业扶贫车间和光伏扶贫三大主体，科学规划，合理布局、强力推进。

一是“双椒一药”主导产业初步形成。制定出台《渑池县做大做强“双椒一药”主导产业助推脱贫攻坚实施方案》，强力推进“双椒一药”主导产业。规划到2020年，全县花椒、辣椒和中药材种植面积分别达到30万亩、10万亩、10万亩。

截至目前，全县已种植花椒17万亩，辣椒7万亩，中药材10万亩，累计覆盖贫困户5800余户，户均年增收4300—8900元。花椒主导产业地位更加稳固。发挥坡头乡不召寨村“中原花椒第一村”引领作用，建成花椒专业示范村5个，打造大红袍花椒生产基地，建立交易市场，年交易额达1600余万元，渑池成为周边地区花椒集散地。制定出台了《渑池县发展花椒产业助力脱贫攻坚实施方案》，强力推进花椒产业发展，以打造

“规模全省第一、技术全省领先、质量全省最优”为目标，争创“中国花椒之乡”。以标准化基地建设为重点，辐射带动全县标准化生产技术应用，形成规模化种植、集约化经营、产业化发展、品牌化效应，以质量、效益为导向，打造育苗、种植、经营、加工全链条产业，年实现综合产值10亿元。其中，坡头乡、南村乡、英豪镇花椒种植面积均超过2万余亩，坡头不召寨、南村青山、英豪寺庄等村更是依靠花椒打造成为花椒产业示范村，花椒已经成为贫困户增收脱贫的首选产业。辣椒产业发展取得突破。辣椒作为渑池县农业种植结构调整的传统产业，天池、果园等乡镇一大批农民依靠种植辣椒走上了致富之路。渑池依托全县6个辣椒专业合作社，走“合作社＋基地＋农户”的发展路子，采取统一购买生产资料、统一管理、统一技术培训、统一组织销售的“四统一”服务模式，不断扩大规模，提升品质，全县辣椒新种植面积突破4万亩，辣椒种植面积连续3年稳定增长，所产辣椒俏销四川、贵州、重庆等省市。中药材产业异军突起。发挥天池天沣中药材、果园永兴中药材、陈村康博中药材合作社、天池天雁等中药材种植基地辐射功能，建成中药材百亩片50个、千亩片5个，中药材种植面积超过10万亩，产值突破4亿元。尤其是借助“渑池丹参”这一“国家地理标志保护产品”品牌优势，2018年新种植丹参2万亩，总面积突破8万亩。11月22日—23日，承办了“中国豫西·渑池丹参研讨会”，渑池丹参享誉中原。目前，以丹参为主的中药材已覆盖贫困户1800余户，户均年增收5500余元。特色产业发展百花齐放。洪阳镇、陈村乡等乡镇通过签订种植技术保障和产品回收协议的方式，发展艾草种植近万亩，并配套建设了艾草加工、艾柱包装等后续产业基地，使1200户贫困户年均增收5000余元；段村乡、陈村乡等乡镇引进种植籽用南瓜并掌握全套生产技术，2018年新发展面积0.8万亩；在天池山食用菌的带动下，天池、英豪、洪阳、仁村和仰韶等乡镇建设食用菌大棚320个，带动510名贫困劳动力务工，年均增收6000元。此外，段村牛心柿、仰韶大杏和坻坞贡米等渑池名特优传统产业也在脱贫攻坚方面发挥了积极带动作用。

二是“扶贫车间”务工增收覆盖广泛。渑池积极引进以

手工加工业为主的劳动密集型企业到乡、到村建设扶贫车间，实现贫困劳动力就近就地就业，做到务农务家务工“三兼顾”。全年共实施毛绒玩具加工、鞋业加工、包装袋加工、仰韶彩陶加工等27个项目，在贫困人口比较集中的村建成扶贫车间65个，吸纳870名有劳动能力的贫困群众在家门口进厂务工，年人均增收1.8万元以上，实现“一人务工，全家脱贫”。其中，青岛东方蓝毛绒玩具有限公司落户产业集聚区，在4个乡镇14个村建设扶贫车间，已吸纳180名贫困劳动力实现稳定就业，年人均稳定增收1.8万元以上；多家国内知名食品企业落户果园乡宏远食品城，吸纳180余名贫困劳动力在园区就业，实现稳定增收；河南仰韶酒业将产品包装基地建在洪阳镇石盆村，吸纳60余名农村贫困妇女通过手工编织产品外包装，实现年人均增收1.8万元以上；雄安新区无纺布产业园项目已经落户渑池，预计投产后，可吸纳3万名以上劳动力就业，可实现1600余名贫困劳动力稳定就业。

三是大力发展光伏产业。全面落实省委省政府关于光伏扶贫的相关政策，坚持把光伏扶贫作为村集体经济“破零”、实现“三无”贫困户稳定增收的重要举措，利用村集体闲置土地和公共房屋屋顶，建成37个村级光伏小电站，总功率9.79兆瓦，覆盖贫困群众2112户7150人，每户年增收3000元以上，村集体年均增收2—3万元。

三、运用多种帮扶模式，推进因户施策精准帮扶

不断创新产业扶贫方式，立足于贫困户的劳动力、技术能力和创业能力等实际情况，合理利用到户增收、企业帮带和资金收益等多种帮扶模式，大力抓好开发式扶贫，鼓励、支持扶贫龙头企业和农民专合组织参与脱贫攻坚，帮扶带动到户到人。

一是实施“到户增收”帮扶模式，激发贫困群众内生动力。制定实施《鼓励实施到户增收项目激发脱贫内生动力的实施方案》，通过金融扶贫贷款和财政资金扶持，鼓励有土地、有资源、有劳动能力的贫困户通过实施到户增收项目建立起足以支撑家庭增收、实现稳定脱贫的产业体系。对发展农林种植、畜禽养殖及自主经营农产品加工储运加工、特色旅游、加工制造等产业的贫困户，给予每户最高6000元的财政补贴。对建档立卡贫困户自主建立稳定增收产业（达产后，家庭年人均纯收入超过4000元）的，以免抵押、免担保、财政补贴基准利率“两免一补”的方式享受5–20万元的金融扶贫贷款支持。通过自主发展产业实现脱贫的，按建档立卡家庭人口数给予2000元/人的奖励。两年来，实施到户增收项目贫困户达7300余户，占贫困户总数80%以上。

二是实施“企业帮带”帮扶模式，发挥经营主体优势作用。发挥农业龙头企业和农民专合组织优势，带动并帮助贫困户解决技术、资金、市场难题，确保企业和农户实现双赢，实现持续发展增收。坚持培育贫困地区本地企业和引进外地企业并举，支持贫困户自主创业，大力推进扶贫小额信贷。托

管帮扶方面，投入资金220万元，扶持仁村乡上西村建设香菇大棚35个，带动67户贫困户和24户农户增收，大棚建成后委托行业龙头企业三门峡天池山食用菌有限公司管理，种植菌棒25.2万个，年收益12.6万元，67户贫困户户均年增收1723元。同时，70余名贫困劳动力可进场务工增加收入，并掌握食用菌种植技术。合作帮扶方面，支持以贫困村为单位发展壮大集体经济，通过农民合作社建设帮助贫困户。投入财政资金122万元，帮助张村镇11个村建立丹参种植合作社，每村发展面积100亩以上，全镇共计发展1200亩，直接带动145户贫困户通过种植丹参获得增收，并为各村增加集体收入5万元。为坡头乡不召寨村花椒专业合作社投入财政资金50万元，实施产业扶持脱贫项目——建设花椒交易市场，带动全村56户贫困户和其他农户种植、交易花椒，使不召寨村逐步发展成为辐射周边地区的花椒集散地，贫困户年均增收3000元以上，村集体年增收3万元以上。企业帮扶方面，确定了河南天沣农业科技公司以免费或成本价供苗、高于市场价回购成品、直接进场务工等方式带动天池镇陈沟村、杜村沟村、石泉村、南涧村和藕池村及周边果园乡东庵头村、张村镇漏泉村、陈村乡石板沟村、坡头乡韶峰村等贫困村，成功打造了中药材种植脱贫模式。两年来，企业共为126户特困户免费提供种苗，为710余户贫困户以成本价供苗，发展中药村种植2300余亩，户均年可增收8000元左右，企业还免费为贫困户提供技术指导服务，吸纳40余名贫困劳动力通过进场务工增加收入。代种代养方面，段村乡38户贫困户通过寄养付酬的方式，到基地领养猪崽，企业统一免费供应饲料、防疫，成品猪由企业收回，统一销售。每户每批可领养200头猪崽，8-10个月可出栏，每头猪可为贫困户增收200余元，每户年收入达3.5万元以上，有效带动贫困户增收脱贫。

三是实施“资产收益”帮扶模式，破解深度贫困增收难题。对无劳动能力或丧失劳动力的深度贫困群体，通过实施财政资金收益、贫困户资产收益等“资产收益”帮扶项目，拓宽脱贫增收渠道。向农业龙头企业三门峡市雪莲面业有限公司注入产业发展资金300万元，作为省级贫困村天池镇藕池村121户、506名贫困人口的入股股份，占企业总股份的5%，每年企业以注入资金总额的10%（30万元）为贫困户保底分红，以此加快贫困户增收脱贫。若企业盈利较好，还将在保底的基础上按股份进行分红。同时，企业还吸纳20余名农村贫困劳动力长期务工。通过宣传引导，动员政府投资项目的经营主体带动贫困户增收脱贫。在三门峡天池山食用菌有限公司实施农业“三产”融合项目，企业自愿以项目投资额度（200万元）的4%，每年为天池镇陈沟村86户贫困户分红，贫困户还可通过进场务工和承包大棚经营等方式，增加收入，增加技能，提升产业脱贫内生动力。运用贫困户资产收益模式，投入财政资金65万元，在南村乡青山村建设花椒加工厂房10余间、晾晒场4000余平方米，作为136户受益贫困户的资产入股，由南村花椒种植专业合作社使用经营，产生的项目收益向贫困户分红，增加贫困户收入。

（记者　梅淑娥）

“贫困村”如何发展壮大集体经济？

——张村镇漏泉村探索发展集体经济纪实

漏泉村位于渑池县张村镇政府东2公里，距县城10公里，辖3个自然村，13个村民小组，全村耕地面积3450亩，486户1996人，是传统的农业村，省级贫困村。全村有建档立卡贫困户76户256人，其中2017年19户68人实现脱贫。群众长期以农业生产为主，收入单一；村集体经济更是近乎空白。脱贫攻坚战打响以来，漏泉村把发展村集体经济与精准扶贫工作相结合，通过”小丹参”做成”大产业”、盘活村集体资产等措施，实现村集体经济强劲发展，带动群众脱贫致富。

群众要致富，关键靠支部。针对村组织软弱涣散，一些党员干部发展集体经济意识不强、状态不佳，不会干、不想干等问题，驻村第一书记带组织全村党员干部认真学习党规党纪和十九大精神，积极落实中央、省、市关于大力发展集体经济，实施乡村振兴的一系列部署要求，提高政治点位，以敢于担当的强烈责任感和时不我待的紧迫感谋划抓实村集体经济发展。同时利用基层组织远程教育系统，开展市场经济、农村经营管理、村集体资产管理以及农村适用技术等知识培训，增强村级组织和党员干部适应市场、领导村集体经济发展的能力。制定《漏泉村集体经济发展规划》，形成驻村第一书记主力抓、两委成员齐力管的良好局面，推动村党组织成为发展集体经济和精准扶贫工作的”主心骨”。经镇党委批准，增补一名作风硬、素质好、成绩突出的党员个人为村党支部委员，另一名优秀群众被列为发展培养对象。

成立全县首家村级集体经济组织——张村镇漏泉村绿源农民专业合作社。作为全村经济发展的龙头，合作社从成立之初就确定了集体所有的属性。在当家人选择上，推举公道正派的副支书、监委会主任杨三民担任合作社负责人。经营上坚持服务群众为主，兼顾盈利为辅的宗旨，制定规范、透明的运行制度，合作社所有收入归村集体所有。合作社不同于“公司+农户”的买卖契约关系，既把村两委解脱出来，让群众唱主角，又让村级组织通过服务增加收入，是一条新形势下既增加群众收入又发展壮大集体经济行之有效的新路子。

丹参是村里的主导产业，“豫西丹参”荣获国家地理标志认证，全国驰名，漏泉村乃至张村镇系“豫西丹参”的重要原产地之一。依托丹参种植的适宜条件，村合作社一期流转33户群众150余亩土地(600元/亩)，投资45万元，2017年7至8月高质量培育优质丹参种苗153亩，不仅满足

了漏泉村1100余亩丹参种植供苗需要，还实现育苗收入60万元，重重打造收获了村集体经济的"第一桶金"。

在丹参种植上，争取镇党委政府对漏泉脱贫攻坚的特殊帮扶，采取免费供应种苗、化肥、地膜、技术等措施，引导群众大力发展丹参种植。首先是镇财政全额投资20万元建设了漏泉村集体经济项目"百亩丹参种植示范片"。其次村合作社又流转土地种植249亩，鼓励群众自种849亩（其中贫困户群众218亩），全村丹参种植达1198亩，占3450亩耕地的34.7%，是全县名符其实的"丹参第一村"。据市场测算，丹参种植亩均收入6000——8000元，集体经济和群众收入的"造血"功能大大增强。不仅如此，合作社还种植红花50余亩、柴胡20亩。在丹参等中药材发展过程中，除保证群众土地流转金就高不就低外，从育苗、种植到日常管理，合作社优先安排包括贫困户群众在内的2800余人次田间务工，累计发放工资15万余元，有效增加群众收入。

伴随村集体经济的发展，合作社自身也得到长足发展。先后购置了1台大型种药机、1台微耕机、4台地膜覆盖机和其他一批物资设备，村集体又有了自己

的"家业""家底"。

村集体无偿供地，2017年7月引进建成了扶贫车间——漏泉村鞋业加工厂，一期占地面积1500平方米，其中标准化厂房210平方米，平车60台，自动化电脑花样机20台，日产鞋帮5千双，年产值500万元。生产工艺简单，适宜人员广泛，动态吸纳60多名妇女劳力进厂务工，月工资1800-3000元，一批妇女劳力家门口稳定就业，天天有活干，日日有收入，"务工"与"持家"两不误，口袋"活钱"明显增多，基本实现"一人务工，全家脱贫"目标。企业"产""销"两旺，经营红红火火。

采取招商引资、村集体养殖、大户进场养殖等多种形式，盘活了占地40余亩、弃用近三年的村养殖场，让"沉睡"的集体资产"活"起来，为村集体经济发展壮大注入强大活力。目前已引进招商加工企业1家，养殖大户1户（养牛30余头），村集体发展2000只规模的优质种羊繁育项目一期200只将于6月底引种到位，规范饲养，滚动发展。

村集体经济有了一定发展积蓄后，出资购买桌椅、电脑等办公设备，改善村委办公条件；首次组建村社火表演队参加2018年元宵节县里汇演；栽植名优树种楸树2000棵，对4公里长村内道路及美丽庭院进行了高标准绿化等，总计9万余元。

更令人欣喜的是，2018年合作社新育丹参苗300亩，紧抓"短、平、快"好项目，进一步提升村集体经济总量；村集体投资100余万元的丹参（中药材）烘干储藏及深加工项目正在紧锣密鼓进行，如期建成投产后丹参主导产业进一步做大做强。从丹参到鞋厂、养殖场以及光伏发电等，漏泉产业项目如雨后春笋，渐成规模，村集体经济将得到长期巩固有力发展。（李晓文）

筑牢“六大体系”为贫困群众撑起一片健康蓝天

——渑池县健康扶贫工作巡礼

习近平总书记强调，“没有全民健康，就没有全面小康。”大力实施健康扶贫工程，让全体贫困人口享有更高水平的医疗卫生服务，既是精准扶贫、精准脱贫政策体系中的重要一环，也是“两不愁四保障”的关键内容，地位重要，意义重大。2018年初，渑池县共有5339户13319名贫困人口，贫困发生率为4.73%。其中，因病致贫6886人，占贫困人口的51.7%，疾病已成为贫困群众心头的最大之“痛”，因病致贫、因病返贫已经成为脱贫路上最大的“拦路虎”，成为打赢脱贫攻坚战最难啃的“硬骨头”。

为此，渑池县委、县政府坚持把健康扶贫作为打造健康渑池、决胜全面小康的着力点和主抓手，推动健康扶贫与精准脱贫有机融合，在扶贫战略思路上谋创新，在医疗保障机制上求突破，在加大政策支持上出实招，坚持“四个强化”，筑牢“六大体系”，实现“一个目标”，让健康扶贫政策惠及每一位贫困群众，全力为贫困群众撑起一片健康蓝天，确保贫困群众与全县人民一道步入小康社会。

坚持“四个强化”，狠抓健康扶贫顶层设计

决心除“病根”，才能断“穷根”。健康扶贫是一项系统工程、民生工程，广大贫困群众期望值很高，任务繁重，时间紧迫。渑池坚持提升思想站位，精心抓好顶层设计，做到重视到位、责任到位、统筹到位、保障到位，全力推动健康扶贫工作精准部署、精准实施。一是强化领导。成立了健康扶贫工作领导小组，研究出台了《渑池县健康扶贫实施意见》《渑池县健康扶贫实施细则》，确保健康扶贫工作高起点、高质量、高标准推进。二是强化责任。明确县委书记、县长是健康扶贫工作第一责任人，脱贫攻坚领导小组办公室牵头负责，卫计部门履行行业职责，相关职能部门、公立医疗机构和各乡镇承担主干责任，表先督后，奖优罚劣，层层压实责任，严格问责追责。三是强化统筹。建立健全了“大健康、大扶贫”的协同作战机制，整合医疗、人社、民政、财政等部门优势资

源，引导、鼓励社会各界力量参与健康扶贫，汇聚健康扶贫工作强大合力。四是强化支撑。调整财政支出结构，增加健康扶贫投入，累计整合各类政策资金3.6亿元，为抓好健康扶贫工作提供了强有力的资金保障。

构筑“六大体系”，创新健康扶贫工作模式

为彻底斩断“贫”“病”循环链条，创新完善医疗机制，精心构筑“六大体系”，精准提出30项举措，对现有医疗资源进行全面整合、全面提升，持续织密健康扶贫网络，全方位夯实医疗保障，努力让贫困人口“看得好病、看得起病、看得上病、方便看病、少生病、会防病”，把健康关爱送到了贫困群众的心坎上。

（一）实施“双提工程”，筑牢医疗救治体系，让贫困群众看得好病。全力开展五大专项行动，不断推动就医环境和医务水平“双提工程”向纵深发展，逐步改善贫困群众就医环境，确保贫困群众有处看病、能看好病。一是开展县、乡、村医院建设专项行动，为贫困群众营造更好就医环境。累计整合资金3.5亿元，对全县所有的县级公立医院、乡镇卫生院、村卫生室进行改造升级。截至目前，投资3600万元的县妇幼保健院改扩建项目已建成投入使用；投资8000万元的县人民医院2号综合楼已投入使用；投资3000万元的15所卫生院改造提升工程已全面完成；完成9个贫困村卫生室的改造升级，全县37个贫困村标准化卫生室全覆盖。投资4400万元，为县级医院购置大型医疗设备12台件，为乡村两级卫生机构购置医疗设备241台件，初步实现了贫困群众小病不出村、常见病不出乡、大病不出县。二是开展提升医疗服务能力专项行动，为贫困群众提供更高医疗技术。通过技术引进、人才培训、专科建设等方式，找准薄弱环节，补齐工作短板。目前，共引进“关节镜下半月板修复术”等新技术35项，多项技术填补了三门峡地区县级医院医疗技术空白。三是开展医疗专业技术人才引进专项行动，为贫困群众就医提供更强人才保障。在全县编制十分紧张的情况下，2016年以来先后公开选拔引进高水平医务人员73名，其中全科医生10人，全县全科医师达到123人，每万人拥有3.3名全科医生，超过省定标准。四是开展医联体医共体建设专项行动，为贫困群众提供更优

医疗资源。2017年以来，县级医院成功与解放军海军总医院、郑大一附院等16家市级以上医院缔结为“医联体”，与15个乡镇卫生院结成“医共体”，优质医疗资源持续下沉，成功搭建了市县乡三级医疗援助对接平台。61名骨干医师多次深入贫困群众家中送医上门，共诊疗贫困患者2800余人次，开展手术30台，有效缓解了部分乡村优质医疗资源匮乏的难题。五是开展中医馆建设专项行动，为贫困群众开辟更多就医途径。根据渑池县贫困患者慢性病居多的特点，结合传统中医治疗慢性病效果佳、副作用小等优势，筹措320万元，高标准建设中医馆12个，配备专业医务人员36名，为贫困患者免费提供优质中医服务，目前已治疗贫困群众300余人次。

（二）扎紧“六道防线”，筑牢医费保障体系，让贫困群众看得起病。采取政府购买医疗救助补充保险的办法，建立政府主导、医疗机构参与、保险公司兜底三方协同工作机制，全面整合各类资金，实现“六道防线”全覆盖，织密医疗救助兜底网络，经六道报销、减免、兜底后，报销比例最高可达90%，确保贫困群众有病“不心慌”、治病“不差钱”。一是基本医保全覆盖。针对贫困群众基本医疗参保资金难题，县财政出资187.9万元，对贫困户中优抚对象、孤儿、五保户参保进行全额补助；对其他贫困户按每人每年不低于30元的标准给予补助，建档立卡贫困人口参保率达到100%。二是大病保险全覆盖。为所有贫困户缴纳了大病医疗保险，已有507名贫困群众享受大病保险报销，金额达156.08万元。三是补充保险全覆盖。县财政投入55.7万元，按照每人24元的标准，对贫困人口补充保险保费进行补助。贫困患者经基本医疗保险、大病保险报销后，个人负担的合规医疗费用直接由大病补充保险再次报销，目前已有933名贫困患者享受补充保险报销，金额达265.47万元。四是民政救助全覆盖。贫困患者在享受基本医疗保险、大病保险、大病补充保险报销后，个人负担的合规医疗费用，县财政给予相应比例的救助，已为1752名贫困群众发放救助资金133.18万元。五是医疗减免全覆盖。对持健康服务证的贫困患者，在各项医疗保险报销的基础上，在户籍乡镇卫生院住院费用减免40%，在县级

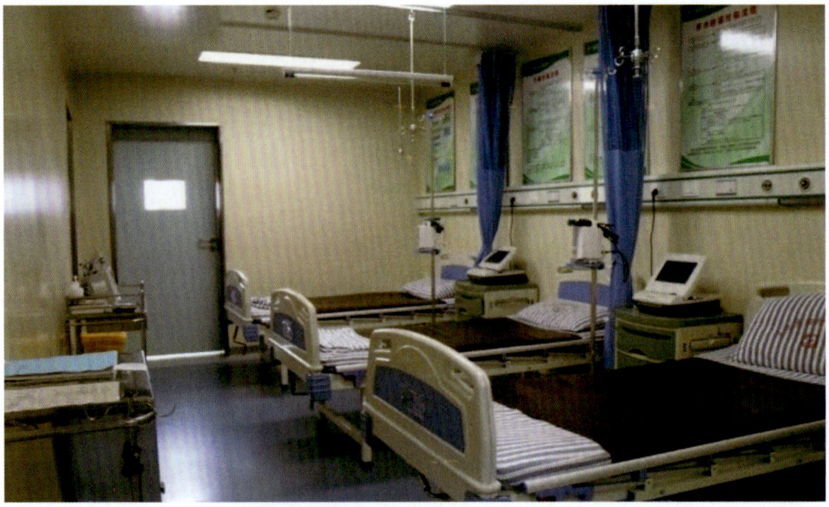

医院住院费用减免 10%，目前已有 3306 名因病致贫患者住院受益，累计减免费用 51.05 万元。六是政府兜底全覆盖。财政出资 256 万元，为所有贫困人口购买大病兜底保险和意外伤害保险，经医保、保险、减免、救助等报销外，目录内个人自费部分 100% 给予报销；目录外费用起付线 1000 元，按 80% 报销，年度报销限额 20 万元。

（三）建立“五大制度”，筑牢特色服务体系，让贫困群众看得上病。坚持突出特色，精准服务，简化服务流程，创新服务方式，切实破解群众看病难问题。一是建立健康档案制度。坚决落实“一户一档”“一病一方”，对所有贫困户开展健康普查、免费体检，已对患 9 种大病、153 名和 43 种重特大疾病、803 名贫困群众实行县、乡、村三级跟踪管理。二是建立签约服务制度。采取“四个一”模式（即：1 名县级医院医生，1 名乡镇卫生院全科医生，1 名护士，1 名乡村医生），组建 61 支家庭医生服务团队，开展团队式签约服务。目前，贫困患者签约率达到 100%，贫困患者足不出户就能享受县级医疗服务。三是建立巡回义诊制度。组建 4 支县级专家医疗义诊服务队，每年对全县 34 个贫困村开展两轮巡回义诊，受益贫困群众已达 20000 余人次。同时，动员各方力量，先后组织“渑池籍在郑医务专家渑池行”等大型义诊活动 6 次，为 2132 名贫困群众提供精准救治。四是建立绿色通道制度。按照 20%—30% 的比例，在全县公立医疗机构设置贫困患者专用病房，开通“绿色通道”，设立“一站式”即时结算窗口，极大方便了贫困患者。五是建立“六个一”便民制度。为每户贫困群众发放一本“健康服务证”、一个“健康服务小药箱”、一个“分药盒”、一个“健康扶贫卡袋”、一个“控油控盐健康小礼包”、一本“健康扶贫政策及健康知识宣传册”，帮助贫困群众精准掌握健康扶贫政策，养成正确的用药习惯和健康的生活方式。

（四）推进“多方联动”，筑牢信息共享体系，让贫困群众方便看病。创新健康扶贫“信息化+”工作模式，以信息化管理为统领，让健康扶贫入网络、无盲区、快捷化，用健康信息“一点通”确保健康扶贫“全覆盖”。一是实现县乡村三级健康扶贫信息共享。完善部门健康扶贫信息共享机制，组织各乡镇医疗机构和卫生、人社、民政、扶贫等部门定期互通、信息共享，使贫困群众能及时享受高效、便捷、精准的医疗服务。该信息平台10月底运转以来，已对447名新增未脱贫人口进行信息比对，及时为筛查出的26名需纳入大病补充保险人员履行了相关手续。二是启动“互联网+医疗”模式。构建了市、县、乡、村四级远程医疗会诊平台，全县100所村标准化卫生室已接入平台，有效提升了县、乡、村三级的医疗水平和服务能力，实现农村群众在家门口可以享受到县、市医疗专家服务。

（五）抓实“四个重点”，筑牢疾病防控体系，让贫困群众少得病。坚持关口前移，着力提升精准防治水平，扩大贫困群众受益面，改善群众健康生活条件，优化基本公共卫生服务环境，最大限度遏制病源、减少疾病。一是抓实环境卫生治理。大力开展爱国卫生运动，持续开展乡村清洁行动。与上海奥图公司签订环境卫生整治协议，用政府购买服务的形式，加大对农村环境卫生整治的力度，进一步建立完善村庄保洁制度，为所有行政村配备保洁员，确保村容村貌整洁有序、干净卫生。二是抓实母婴保健管理。开设孕妇讲堂、孕前优生讲堂和妇女保健讲堂113期，落实婚前检查、儿童体检等“七免费”政策，全面提升母婴保健水平，降低新生儿缺陷性疾病发生率。三是抓实传染病管理。以贫困儿童传染病防治为重点，11家卫生院预防接种示范门诊通过市级验收，设立贫困儿童接种专门窗口，二类自费疫苗费用减免10%，最大限度降低贫困儿童传染性疾病感染率。四是抓实慢性病管理。开辟慢性病鉴定“绿色通道”，设立贫困人口慢性病管理中心，慢性病门诊鉴定医院增至5家，鉴定次数增加至每人每年4次，每年对贫困人口进行1次免费体检，实现了贫困人口慢性病精准识别、精细管理、精心服务。

（六）坚持“三管齐下”，筑牢宣传教育体系，让贫困群众会防病。扶贫先扶志，医病更医心。加大宣传力度，精准靶向教育，引导群众树立健康理念、培养良好卫生习惯、形成健康生活方式，防病于未然。一是广泛开展媒体宣讲。在县电视台开设《卫生与健康》栏目，播放健康扶贫公益性宣传片，创建健康扶贫微信公众号，即时发布健康扶贫动态、健康生活常识。二是积极组织专家宣讲。组织医疗专家开展健康巡讲活动，宣传健康知识，已开展健康巡讲12场，组织“合理膳食”“全民健康生活方式日”“全国高血压日”等大型宣传活动16次，发放宣传资料15200余份，受益贫困群众21000余人次。三是精准开展入村入户宣讲。在贫困村开展“四个一”宣讲活动，即：组建一支党员学雷锋志愿服务队、绘制一道健康文明宣传墙、开办一次健康讲座、举办一期道德讲堂，营造健康扶贫浓郁氛围。按照村村到、户户讲的原则，对贫困群众开展一对一宣讲解读，使贫困群众及时了解健康扶贫政策，包村干部、第一书记、乡村医生累计入户28500余次，受益群众36700余人，极大提升了贫困群众对健康扶贫政策的知晓率。

实现“一个目标”，确保健康扶贫工作成效

渑池县始终坚持把健康扶贫作为打赢脱贫攻坚战的关键一招，强力推进，狠抓落实，确保健康扶贫各项政策措施精准到村到户到人。2018年，全县已开展免费巡回义诊23次，免费体检3000余人；发放健康扶贫生活6件套2000套，免费发放药品23万元。贫困群众特别是患大病群众经基本医保、大病保险、大病补充保险、医疗救助、医院减免、政府兜底“六道防线”后，健康扶贫对象就医经济负担大幅减轻，确保了贫困群众能“看得起病、看得好病”，贫困群众的获得感和满意度明显提升。

围绕“2020年全县贫困患者能够得到及时有效救治，因病致贫、因病返贫问题基本解决，健康渑池建设水平显著提升”这一战略目标，渑池县将着力抓好以下几点：一是继续完善健康扶贫“六大体系”，精准落实国民健康政策，为人民群众提供全方位全周期健康服务；二是拓宽健康扶贫思路，把健康扶贫与爱国卫生运动相结合，与构建养老、孝老、敬老政策体系相结合，与农村人居环境综合整治相结合，让人民群众享受更优质、更便捷的精准健康服务；三是全方位落实政策，确保贫困群众健康知识全面普及、健康生活方式全面养成、健康水平大幅提升、因病致贫率大幅降低。

在下步工作中，渑池县将以学习宣传贯彻党的十九大精神特别是习近平新时代中国特色社会主义思想为动力，围绕实施“健康中国战略”，进一步提高政治站位，坚决扛稳扛牢脱贫攻坚政治责任，不断加强统筹协调，持续深化医疗卫生改革，全面落实健康扶贫政策，强力推动健康扶贫纵深开展，为打赢脱贫攻坚战、决胜全面小康提供有力的健康保障。（范树予　万军　谢少峡）

凝心聚力致富路 韶山渑水更出彩

仰韶文化闻名遐迩，是河南渑池县一张靓丽的名片。中华文明源远流长，五千年前新石器时期的仰韶文化属于华夏文明的曙光和渊薮。

艺术家周白宇先生在韶山脚下渑水之滨生活、成长，从小就受到熏陶浸润，接受灿烂辉煌的仰韶文化滋养可谓得天独厚。周白宇先生总是感恩故土，认为是家乡的培育成就了今天的自己。

仰韶文化又称彩陶文化。彩陶是漫长的新石器时代华夏先民创造出来的极富艺术性的器物，既有实用性又有观赏性。彩陶造型丰富多样，色彩简朴泼辣、纹饰千姿百态，具有鲜明的特征，是中华民族的艺术瑰宝。书法是中国传统文化的显性符号，已经成为世界非物质文化遗产。周白宇先生介绍说，从彩陶图案纹饰的痕迹分析，当时绘画已经使用毛笔一类较软的工具。早期仰韶彩陶红底黑彩简朴大方，线条以动植物和抽象的几何图形为主，一些刻划符号具备文字的雏形。仰韶文化所具备的这些特点，与中国书法艺术血脉相连，理念贯注、形神融通。

周白宇先生受家庭影响从小喜爱书法，在追求书法艺术的道路上，不仅勤学苦练、孜孜不倦增长书法艺术的功力，还精研古代碑帖，在仰韶文化、彩陶艺术中汲取营养，增长书法艺术的修为，跰手胝足不断攀登书法艺术的高峰。

近年来，他结合书法实践相继在中书协主办的《中国书法》杂志及《书法导报》发表了《崇古与创新的融合论北宋书家对颜真卿的接受》《论弘一法师和八大山人的书法异同》《武慕姚及其书法艺术》等论文多篇。

周白宇先生的书法作品近年来在各种展评中接连获奖，作品被人民大会堂、军事博物馆、外交部礼宾司等单位及多位政要收藏。现在，他是中国书法家协会高级教师、中国书画艺术研究院会员、中国书画家联谊会会员、中国清风书法协会会员、一级书法师，担任北京协声书画院副院长兼书法评委会主任、中国书法名家联合会理事，成为享誉书坛的实力派书法家。

周白宇先生还是一位雕塑家。他认为，源远流长的传统文化，是一个民族的精神血脉，也是雕塑艺术的精髓。五千年前的仰韶文化制陶业发达，较好地掌

握了选用陶土、造型、装饰等工序。器物多采用泥条盘筑法成型，用慢轮修整口沿，在器表装饰各种精美的纹饰。他说自己的雕塑艺术灵感，汲取了厚重的彩陶文化的丰富营养。

周白宇先生设计制作的大型人物雕塑《耿长锁像》，在河北饶阳耿长锁纪念馆落成。人物雕塑《张兆丰》像，在邯郸兆丰广场供人们瞻仰。大型雕塑《为您健康服务》在河北大厂人民医院广场耸立。雕塑形神兼备，成为当地的地标式景观，受到社会各界好评。这些成就昭示着周白宇先生坚持不懈沿着雕塑艺术的道路努力攀登、开拓进取，逐渐走上了新的更高的台阶。

全国政协常委、中国美术馆长、中国雕塑院院长吴为山为白宇先生题词：“妙写春秋”。全国政协常委、中国书法家协会主席苏士澍为白宇先生题词：“春华秋实”……

家国情怀，是中国传统文化的显著性特征。仰韶文化中，就已经出现了这方面的端倪和痕迹。仰韶文化是一个以农业为主的文化，聚落建筑朝向中心的布局，是氏族社会生产力水平在意识形态的反映，表明维系团结的血缘纽带根深蒂固。楚词中屈原的《九章·哀郢》里“鸟飞返故乡”，唐诗李白《静夜思》“举头望明月”的诗句，传达出来中华儿女对于故乡无尽的情怀。进入现代社会，现在仍然倡导要“记得住乡愁”。周白宇桑梓淹池，什么时候他都忘不了故乡的父老乡亲和山山水水。他热爱家乡、热心公益，多次捐助家乡老弱病残人士，但对外人从来不提。还是他在政府机关工作的一位同学说起来，人们才知道果园乡修路资金有缺口，他毫不犹豫捐出5万元。笃忠乡建设的白龙亭及凉亭廊架、洪阳乡敬老院长寿亭等工程，他都慷慨解囊。问起这个事时，他说这些都是小事不值得一提，自己老家在这里，做些事是应该的，能让养老院的残障者和老年人生活有个好环境，自己心里也很高兴。

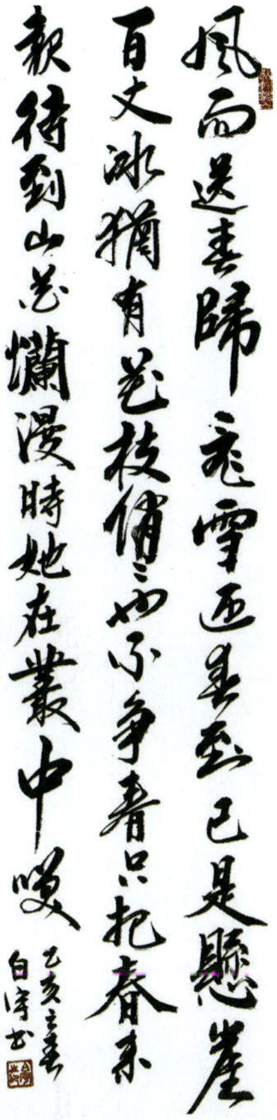

周白宇先生不仅心系故土，也牵挂着其他贫困地区。河北一个盲人家庭生活困难，他连续10多年资助孩子上学，前后花费10多万元。孩子懂事地说：我一定要加倍努力，将来回报社会，对得起好心人的帮助。人民政协报一位编辑因病突然离世，他听说后马上送去2千元不留名。98年洪水、5·12大地震都有他捐助的记录。他多年心系张家口贫困地区，捐款达五十余万用于贫困扶持。多年来他扶危济困用去了他的书法、创作等收入。他说，写书法鼓舞人心，有经济收入扶持贫困。学艺从人民而来回报社会天经地义，这就是我的艺术人生。

（记者　梅淑娥）

义马市

义马市位于河南省西部，地处崤函古道，北仰韶峰，南眺洛伊。全市总面积112平方公里，辖两个涉农办事处和五个街道办事处，总人口17.09万人，其中2个涉农办事处、20个涉农社区居委会，是全省唯一取消农村建制的县市。共有汉、满、蒙古、维吾尔、布依、壮、彝、回等14个民族。

义马矿产资源丰富。主要特点是储量大、品位高、品种多、埋藏浅、易于开采利用。现已探明煤炭总储量达79亿吨，素有“百里煤城”之称，是我国的重要的能源基地之一。境内的国有特大型煤炭企业义煤集团公司是国家经贸委确定的520家重点企业之一，义煤集团所属四大煤田之一的义马煤田，大部分位于我市，东西走向25公里，倾斜度2—5公里，含煤面积82.5平方公里，可开采储量11亿吨，所产

长焰煤，适宜造气、发电，是优良的动力和化工原料用煤。除煤炭资源外，铝土、玻璃石英砂、火礁岩、重晶石、硫铁矿等矿产资源也很丰富，其中铝土矿探明储量1.02亿吨，占河南省总储量的50%以上。

义马市多次被评为全国中小城市科学发展百强和最具区域带动力中小城市百强，入围全国中小城市综合经济实力百强县市、全国十佳节约型中小城市、十佳和谐可持续发展城市、循环经济示范创建城市和全省城乡一体化试点市，先后荣获全国信访工作先进市、计划生育优质服务先进市、科技进步考核先进市和省级园林城市、卫生城市、文明城市等荣誉称号。（钟河）

精准扶贫暖人心

父母整日躺在病床上，弟弟由于患小儿麻痹几乎没有劳动能力，上大学的孩子每月得花销……以前，义马市东区办事处常村居民李新强每天都是愁容满面。但现在，李新强的家里起了变化。“现在我已经有了33只羊，一边买羊一边卖羊，家里的欠债基本上还完了。”近日，李新强对记者说。

作为河南省唯一取消农村建制的县市，义马市并没有“建档立卡”扶贫任务，但该市对困难群众的生产、生活极其关注，成立了由义马市委书记任第一组长、市长任组长的脱贫攻坚领导小组。领导小组通过精准识贫，认定贫困户119户。

李新强家是该市第一批被认定的贫困户。义马市烟草局和李新强家结成帮扶对子后，多次组织人员到他家摸底调查，根据他家实际情况确定了发展种羊养殖的扶贫项目。他们带领李新强到周边县市考察种羊养殖情况，了解市场行情，学习养殖技术。之后，李新强家迎来了17只种羊。不久，义马市烟草局又争取资金5000元，为他家购买了电动铡刀、防疫药品等。

在义马，像李新强家这样通过结对帮扶和自己努力逐步拔掉穷根的困难户不在少数。该市新区办事处郭庄社区的张朝军在义马市电业局资助下，建造日光温室发展反季节蔬菜，年收入2万余元；石门社区的张章军在义马市委宣传部帮扶下，种植百亩连翘走上了致富路；梁沟社区的王宝军通过扶持，建设猪舍养猪，年收入5万元。

脱贫攻坚战中，义马不仅让贫困户变了模样，也让不少社区一展新颜。该市争取美丽乡村建设资金87.5万元，进一步提升了农村社区村容村貌；为19个涉农社区文化活动中心各补助2.5万元，配备了锣鼓、演出服等；争取资金100余万元，对20个涉农社区卫生室进行标准化改建；利用城市管网延伸，通过消毒、净化等措施，保障涉农人口的饮水安全。

目前，经过入户核查，该市认定的119户贫困户依靠发展生产、就业务工、生态补偿等帮扶措施，均达到了脱贫标准。（郭远庆　任红亮）

落实任务坚决打赢脱贫攻坚战

义马市5月16日组织收听收看三门峡市脱贫攻坚工作电视电话会议，深入学习习近平总书记关于脱贫攻坚工作的重要指示精神，落实2018年度河南全省脱贫攻坚考核和省委相关要求。根据新形势，明确新任务，采取新举措，动员全市上下坚决打赢打好脱贫攻坚仗，为2020年全面建成小康社会奠定坚实基础。

义马市委书记杨彤，市委副书记、市长冯勇，市委副书记董兴连，市人大常委会主任吕根友，市政协主席尚会敏等四大班子领导在义马市分会场收听收看了会议。

会议指出，要集中攻城拔寨，坚决打赢脱贫攻坚翻身仗。坚持政治导向、问题导向、效果导向，以提高群众满意度为目的，以强化基层基础为着力点，以加强统筹协调为牵引，以转变作风为保障，以重奖重罚为促进，痛下决心、雷厉风行，精准施策、务实拼搏，全力以赴、全面系统高质量完成脱贫攻坚任务。

会议强调，要发扬斗争精神，坚决做强做细脱贫攻坚工作保障。要压实攻坚责任，市级要担负起领导指导引导督导协调责任，县级要扛牢扛好主体责任，乡村两级要履行好主干责任，形成上下贯通、到底到边的责任体系。要完善统筹协调机制、服务群众机制，优化督导检查机制，健全容错纠错机制，优化工作流程。要严格兑现奖惩，进一步激发打好翻身仗的干劲。要改进作风，决战决胜，以实干实绩交出历史答卷。要明确责任抓落实，转变作风抓落实，激活主体抓落实，严明奖惩抓落实，全力以赴打好翻身仗，不获全胜决不收兵。

书法家张铜彦艺术简介：中国书法家协会第五、六届理事，中国文艺志愿者协会理事，中国金融书法家协会第一、二届主席，中央数字电视书画频道特聘教授。

书法作品多次参加中国书法家协会主办的全国书法大展和“全国书法名家邀请展”，多次担任全国书法大展赛的评委、监委。应邀在中央数字电视书画频道《名家临碑帖》栏目主讲颜真卿《自书告身帖》15集，应邀为国家开放大学书法学院远程教育课堂录制颜真卿《颜勤礼碑》临习讲座23集。出版有张铜彦隶书、行楷、魏碑《般若波罗蜜多心经》和《千字文》。应中国书法家协会邀请，用隶书书写的社会主义核心价值观，被中宣部、人民日报漫画增刊制成招贴画，在全国各地公共场所广泛宣传。（孟江波 文／图）下图为张铜彦书法作品制作成部分招贴画。

河南省三门峡市
脱贫攻坚大事记

1.2017年7月3日至5日，时任中央政治局常委、中央书记处书记刘云山深入河南省三门峡市调研，强调要切实担起抓党建促脱贫攻坚责任，以苦干实干带领群众致富奔小康。

2.2017年7月7日河南省金融扶贫工作现场会在三门峡市卢氏县召开。

3.2017年8月30—31日，全省金融扶贫“卢氏模式”三门峡市现场观摩推进会在三门峡市陕州区召开。

4.2017年11月16日–17日，全国金融扶贫现场观摩会在三门峡市召开。会议的主题是，以习近平新时代中国特色社会主义思想为指导，认真学习贯彻落实党的十九大精神、中央扶贫开发工作会议精神、全国金融工作会议精神，学习卢氏扶贫小额信贷工作经验，通过学先进、找差距、破难题、抓提升，深入推进金融扶贫特别是扶贫小额信贷工作。

5.2018年5月9日，三门峡市召开高规格、大范围的脱贫攻坚第六次推进会议。会议的主要任务是，深入学习贯彻习近平总书记扶贫开发战略思想和全省脱贫攻坚第六次推进会议精神，通报2017年脱贫攻坚工作进展情况，总结成绩，表彰先进，查找问题，分析形势，安排部署今后一个时期脱贫攻坚工作。

6.2018年6月23日晚，由河南省三门峡市渑池县戏曲艺术服务中心创编的大型现代曲剧《大山的儿子》在北京全国地方戏演出中心火爆上演，引起了强烈的社会反响。

7.2019年5月16日召开高规格、大范围的脱贫攻坚第八次推进会议。

8.2019年7月26日，河南省全省金融暨产业扶贫工作推进会在三门峡市卢氏县召开，副省长武国定出席会议并讲话。

9.河南省首部以脱贫攻坚为主题的农村故事影片《铁拐》于2019年8月30日在河南省人民会堂举行首映式，该影片以三门峡市卢氏县瓦窑沟乡观沟村残疾建档立卡贫困户杨书春的典型事迹为题材，充分展示了自力更生、克难攻坚、奋力脱贫的光荣形象。（三门峡市扶贫办供稿）

后　记

消除贫困，自古以来是人类梦寐以求的理想，也是各国人民追求幸福生活的梦想。

脱贫攻坚，中国创造了中华民族历史上、世界发展史上的减贫奇迹。

中国“一直是全球减贫事业的积极倡导者和有力推动者”。习近平总书记在庆祝改革开放40周年大会上的讲话中指出，40年来“我国贫困人口累计减少7.4亿人，贫困发生率下降94.4个百分点，谱写了人类反贫困史上的辉煌篇章。”他说，“忍饥挨饿、缺吃少穿、生活困顿这些几千年来困扰我国人民的问题总体上一去不复返了！”

中国是世界上减贫人口最多的国家，将消除贫困纳入国家战略来谋划，并一以贯之推进执行，不仅在中国几千年历史上是第一次，在人类社会历史上也属罕见。据世界银行测算，中国对全球减贫贡献率超过70%。有人如此评价：“如果没有中国的扶贫成就，联合国千年发展目标就难以实现”，“全球在消除极端贫困领域所取得的成绩主要归功于中国”。

2019年10月14日，2019年诺贝尔经济学奖揭晓，三位外国学者因把实验方法引入发展经济学，“在减轻全球贫困方面的实验性做法”而获奖。与中国脱贫攻坚理论与实践取得的伟大成就相比，“实验性做法”可以说微不足道。

中国记者节从开始到现在已经是第20次过了。记得在人民大学新闻系的课堂上，老师谆谆教诲说记者是时代的瞭望者和书记员。新闻工作是党性极强的一种职业，深入社会、了解真相，把握正确导向，服从大局、讲政治，与时代同步，与人民同甘苦，具有难得的职业优势。作为一名多年的记者，能够亲历人类史上规模最大，持续时间最长，惠及人口最多的减贫进程，见证、记录、报道祖国脱贫攻坚这一伟大进程，实在是一种历史性的幸运。

中共中央、国务院2015年11月29日颁布《中共中央国务院关于打赢脱贫攻坚战的决定》，2017年10月18日，习近平同志在十九大报告中说，脱贫攻坚是中国进入新时代面临的三大战役之一，要坚决打赢脱贫攻坚战。2018年5月31日，中共中央、国务院《关于打赢脱贫攻坚战三年行动的指导意见》，吹响全面脱贫攻坚的集结号。中国正朝着2020年“现行标准下农村贫困人口实现脱贫，贫困县全部摘帽，解决区域性整体贫困”的目标迈进。

2016年以来，我持续关注脱贫攻坚工作。在社领导和同志们的支持下，因为采访、报道脱贫攻坚工作，我面对面采访过国家、省、市、县、乡、村扶贫办和村扶贫工作队的领导，进过几十家扶贫产业车间和上百家贫困户，走到过国家级集中连片贫困区的成十个省（区）的百十来个县、乡、村的田间地头和农家院落，或严寒或酷暑，栉风沐雨行程累计达两万多里，一次次被脱贫攻坚一线的人和事感动着。